COLLANA

Accènti

L'accento pone in rilievo una sillaba di cui si compone la parola e ne aumenta l'intensità di pronuncia.

La Civiltà Cattolica dà questo nome a una collana che raccoglie in modo tematico la propria riflessione – ininterrotta sin dal 1850 – ponendo l'accento su un tema di attualità o di particolare valore ispirativo.

L'accento cade su una parola chiave proponendo oggi riflessioni del passato, creando connessioni e svelando motivazioni lontane. La nostra speranza: riproporre testi da leggere col senno di poi per capire meglio il presente.

www.laciviltacattolica.it
© 2018 La Civiltà Cattolica, Roma
I edizione – aprile 2018

LA CIVILTÀ CATTOLICA

"Una rivista unica nel suo genere."
Papa Francesco

iPad

iPhone

ɒnɒroid

kindle fire

SE TI ABBONI ALLA RIVISTA **1 anno** (24 NUMERI) € **95**,oo

POTRAI LEGGERLA SUI TUOI DISPOSITIVI MOBILI IN **OMAGGIO**

SCARICA GRATUITAMENTE L'APPLICAZIONE "CIVILTÀ CATTOLICA" DA

iTunes  Google play 

Leggi come su: **www.laciviltacattolica.it/abbonamenti**

SOMMARIO

PRESENTAZIONE

La storia coreana ha radici molto antiche ed è molto eloquente. Ci parla di frontiere. E nel tempo queste frontiere – in particolare tra Cina e Giappone – sono state sia porte di scambi pacifici, culturali ed economici, sia trincee, luoghi sui quali si sono esercitate pressioni tragicamente violente. La Corea ha pure incarnato le tensioni della guerra fredda tra la Russia e gli Stati Uniti. Vive ancora incise nel suo territorio le visioni geopolitiche del secondo Novecento. Ma essa è soprattutto terra di tradizioni religiose antichissime e differenti tra loro, come quella sciamanica, buddista e confuciana, che plasmano profondamente la sensibilità di ogni persona religiosa, ma anche la vita sociale. La penisola coreana è terra nella quale l'unità non si oppone alle differenze e non distrugge la diversità, ma la riconosce, la riconcilia e la arricchisce. La Corea per questo è chiamata a un'unità che riconcilia le tante polarità politiche e ideologiche che incarna. Ma anche per questo vive tensioni forti e irrisolte.

In questa realtà complessa troviamo pure un cristianesimo spiritualmente ricco, maturato nel tempo in maniera originale grazie a eruditi laici coreani. Fin dall'inizio del secolo XVII i membri delle ambasciate coreane in Cina incontrarono alcuni missionari gesuiti con i quali discussero questioni religiose. Da loro ricevettero i testi di evangelizzatori dell'Asia, soprattutto del gesuita Matteo Ricci. In particolare, il suo *Genuina nozione del Signore del Cielo* (1603), in cui il confucianesimo veniva presentato come una via verso il Vangelo.

Questa terra, così ricca di contrasti e armonie culturali, di tensioni geopolitiche, di muri e ponti, oggi è diventata la frontiera del mondo, il punto di frattura e di sutura dei blocchi.

* * *

Il 27 aprile 2018 è la data che sarà ricordata come quella del terzo summit tra il presidente sudcoreano Moon Jae-in e il leader nordcoreano Kim Jong-un nella *Peace House*, parte meridionale del villaggio di confine di Panmunjom. I precedenti incontri erano avvenuti nel 2000 e nel 2007 a Pyongyang. Il 15 giugno 2000 Kim Dae-Jung, presidente della Corea del Sud, incontrò Kim Jong-Il, presidente della Corea del Nord. Entrambi firmarono la dichiarazione congiunta Nord-Sud, con la quale le parti si impegnarono nella ricerca di una soluzione pacifica in vista di una possibile riunificazione. Il 4 ottobre 2007 venne firmata dall'allora presidente Roh Moo-hyun e dal capo della Corea del Nord Kim Jong-il un accordo di pace in otto punti, che prevedeva una cooperazione economica, il rinnovo degli accordi per i collegamenti aerei, stradali e ferroviari e confronti al vertice per dichiarare ufficialmente il termine della guerra e riaffermare il principio di non-aggressione reciproca. Come segno di distensione, le due Coree marciarono unite alla cerimonia di apertura di tre edizioni delle Olimpiadi (Sydney 2000, Atene 2004 e Torino 2006). La stessa cosa si è ripetuta alle Olimpiadi invernali del 2018 in Sud Corea.

Dietro «le» Coree sono sempre apparsi i profili degli Stati Uniti e della Cina. E, d'altra parte, l'*escalation* nucleare promossa da Kim ha tra i suoi obiettivi un dialogo per quanto possibile «alla pari» con gli Stati Uniti di Trump. Si ha bisogno dunque di capire meglio che cosa stia accadendo oggi e che cosa potrà accadere in futuro, anche perché lo scenario non è quello di un lembo di terra orientale, ma quello globale del mondo.

La Civiltà Cattolica, in questo senso, ha accompagnato le dinamiche della penisola coreana. In questo volume inaugurale della collana «Accènti» abbiamo raccolto alcuni articoli che possono aiutare il lettore a capire «la» Corea. Partiamo dalle riflessioni più recenti per poi riproporre tre articoli del passato che aiutano a comporre lo scenario e a ricordare eventi importanti. La quarta parte esprime l'indole propria della nostra rivista: quella di presentare l'anima di un popolo attraverso le sue espressioni culturali.

* * *

La missione della Chiesa in Corea; il significato remoto e prossimo dell'*escalation* di tensione che ha al centro la Corea del Nord, considerando anche gli interessi delle grandi potenze; la necessità che tra Santa Sede e Cina cresca una nuova fiducia reciproca dopo le epoche del colonialismo e delle persecuzioni; le grandi sfide positive che il continente asiatico pone alla Chiesa e al mondo: questi alcuni temi di un'ampia conversazione con il presidente della Conferenza episcopale coreana, mons. Hyginus Kim Hee-Joong, che apre il volume. Nel colloquio si dipinge – tra toni chiari e toni scuri – una Corea vitale e vivace, multiculturale e multireligiosa.

Il secondo contributo è un'altra voce coreana, quella di p. Seil Oh, professore di Sociologia presso la Sogang University di Seoul. Nelle sue pagine leggiamo il resoconto delle recenti vicende coreane a partire dalla cosiddetta «rivoluzione delle candele» che ha portato in piazza due milioni di persone e ha cambiato il corso della vita politica del Paese, segnato dalla speranza di un nuovo cammino di integrazione nazionale e di pace.

Il terzo contributo si concentra in particolare sulla paura di un possibile conflitto nucleare alimentata dalle mosse del leader nordcoreano: paura amplificata sia dai media, sia dalle continue minacce di guerra lanciate dai due protagonisti della vicenda, e cioè il presidente Donald Trump, e il leader Kim Jong-un. Ambedue hanno fatto mostra della loro forza: da un lato, la Corea del Nord ha aumentato il numero dei lanci missilistici e la potenza dei test nucleari; dall'altro, gli Stati Uniti hanno inviato nel Pacifico diverse unità aeronavali.

I saggi successivi sono tratti dal nostro archivio e possono aiutare a collocare gli eventi attuali all'interno di una prospettiva temporale più ampia. Il saggio di p. Angelo Macchi ricostruisce la situazione della penisola coreana dalla metà del secolo XX, ricordando la decisione della Corea del Nord di ritirarsi dal Trattato di non proliferazione nucleare (Tnp). Già allora si interpretava la decisione nordcoreana come una tacita richiesta di aiuti alla sua economia disastrata e di garanzia di non essere attaccata.

L'articolo successivo punta i riflettori sul trauma della morte del «Caro Leader» nordcoreano Kim Jong-il, avvenuta il 17 dicembre 2011, a 17 anni dal suo insediamento. Si narra quindi come, dopo i 13 giorni ufficiali di lutto, il 29 dicembre, il giovane terzogenito, già prima designato a capo del comitato per i funerali e «Grande Successore», sia stato pubblicamente «incoronato» guida suprema del partito, dell'esercito e del popolo.

Il volume quindi propone un'analisi dell'evento ecclesiale recente di maggior rilievo: il viaggio di papa Francesco in Corea in occasione della VI Giornata della Gioventù Asiatica. Papa Francesco, entrando per la prima volta nella parte orientale del continente asiatico, ha scelto la Corea come «porta». Il viaggio ha messo in luce il rischio che modelli sociali improntati a trionfalismo, benessere e distanza costituiscono per la vita della Chiesa locale. Quindi ha confermato un approccio diplomatico originale, parlando della divisione della penisola coreana e tendendo una mano ai Paesi, come la Cina, con i quali la Santa Sede non ha ancora una relazione piena. Parlando di evangelizzazione, il Papa ha chiesto di fare un passo avanti rispetto al dialogo, e ha indicato l'«empatia» come atteggiamento fondamentale che porta a cogliere la comunicazione non detta delle speranze, delle aspirazioni, delle difficoltà e di ciò che sta più a cuore alle persone.

* * *

Il volume si chiude con un approfondimento culturale su due figure: lo scrittore Yi Munyol (1948) e il regista Kim Ki-Duk (1960). «Il Figlio dell'Uomo» di Yi Munyol, è un «thriller teologico», come lo definisce l'autore. La vicenda si svolge in Corea. Protagonisti sono due giovani che si propongono di fondare una nuova religione, capace di superare le pretese ambiguità del cristianesimo. Il tentativo è deludente: uno dei due ritorna al cristianesimo, e l'altro lo pugnala. Il romanzo ha forti reminiscenze dostoevskiane.

Di Kim Ki-Duk si presentano tre pellicole: *Primavera, estate, autunno, inverno... e ancora primavera* (2003), *Ferro 3* (2004) e *Pietà* (2012). Dal 1996 il regista ha mietuto consensi in vari festival internazionali (Berlino, Venezia, Mosca, Locarno...). Forse la sua poetica può essere ben sintetizzata da una sua dichiarazione: «Per questo faccio film: per tentare di comprendere l'incomprensibile».

* * *

Consegniamo al lettore la riflessione recente fatta fino ad oggi da *La Civiltà Cattolica* sulla Corea con una speranza: riproporre testi significativi del nostro archivio da rileggere col senno di poi per capire un po' meglio il presente.

Antonio Spadaro S.I.
direttore de «La Civiltà Cattolica»

LE SFIDE DI OGGI

PRESENTE E FUTURO DELLA COREA
Intervista a mons. Hyginus Kim Hee-Joong

Antonio Spadaro S.I.

All'inizio di settembre, mentre da un lato all'altro dell'Oceano Pacifico si assisteva a una *escalation* di tensione che coinvolgeva la Corea del Nord e gli Stati Uniti, un ponte ideale ha attraversato l'Asia e l'Europa facendo approdare da Seul ai rinnovati e maestosi spazi del Braccio di Carlo Magno, in Piazza San Pietro, la mostra «Come in cielo così in terra. Seul e i 230 anni della Chiesa Cattolica in Corea», organizzata dalla Chiesa Cattolica in Corea[1]. In quegli stessi giorni il Papa compiva il viaggio che lo ha portato da Roma a Bogotá per celebrare un processo di pace atteso da anni. Si è verificato un intreccio di traiettorie non direttamente connesse tra loro, ma molto significative, legate a minacce di guerra, speranze di pace e memorie di una storia di fede.

Le 183 preziose opere in mostra testimoniano come nei secoli la conoscenza del Vangelo si sia diffusa nella penisola coreana. Per questa occasione è venuto a Roma mons. Hyginus Kim Hee-Joong, arcivescovo di Gwangju, a sud-ovest del Paese, e presidente della Conferenza episcopale coreana. Nato nel 1947, conosce bene Roma, dove, presso l'Università Gregoriana, ha ricevuto il dottorato in Storia della Chiesa. Tra i vari incarichi, è membro del Pontificio Consiglio per il Dialogo interreligioso e del Pontificio Consiglio per la Promozione dell'Unità dei Cristiani. Nel suo Paese è stato presidente della *Korean Conference of Religion and Peace*. Ha visitato per alcuni giorni la Corea del Nord all'interno di una delegazione ufficiale. A

---

1. L'evento espositivo è stato organizzato con la collaborazione del Comitato di Esaltazione dei Martiri Coreani dell'Arcidiocesi di Seul ed è a cura dell'Arcidiocesi di Seul e del *Seul Museum of History*, con il patrocinio del Governo Metropolitano di Seul, dell'Ambasciata della Repubblica di Corea presso la Santa Sede e dei Musei Vaticani.

lui abbiamo rivolto alcune domande sul suo Paese, sulla storia di fede che esso ha vissuto, ma anche sulle gravi tensioni che lo attraversano e, più in generale, sul quadrante dell'Estremo Oriente.

Eccellenza, la Chiesa coreana è giovane e ha una storia straordinaria, iniziata da un gruppo di laici del Paese e non da missionari provenienti da fuori, un caso unico nella storia della Chiesa. Che effetti ha questa storia nel presente della Chiesa coreana?

Quanto lei dice è vero. Per questa storia straordinaria ringraziamo il Signore. Si tratta di una grazia immensa, che ha condotto alcuni laici, non evangelizzati dall'esterno, a trovare e a percorrere la via del Vangelo. Sappiamo che la storia è un dialogo tra il passato e il presente. Questa mostra su «Seul e i 230 anni della Chiesa Cattolica in Corea» è proprio una testimonianza vivente della storia passata e, allo stesso tempo, un trampolino che rilancia l'eredità della fede tradizionale proiettandola nel presente. Ci aiuta, dunque, a ravvivare lo spirito della prima comunità cristiana coreana, che è ancora attivo e vivificante nella Chiesa dei nostri giorni in Corea. Grazie a Dio, infatti, l'attività pastorale è viva e dinamica, i laici partecipano e collaborano intensamente nelle attività pastorali dei sacerdoti, nelle opere di volontariato e nelle associazioni laicali. Dobbiamo veramente ringraziare Dio per la fruttuosa collaborazione che vi è nella Chiesa in Corea tra laici, sacerdoti e religiosi.

La Chiesa cattolica in Corea continua a crescere ogni anno: aumentano i fedeli, le vocazioni sacerdotali e religiose. Come spiega questa perdurante vitalità in una società ormai fortemente sviluppata dal punto di vista economico e segnata da un consumismo di tipo occidentale?

Sì, è vero. Da circa 15 anni la Chiesa in Corea continua a crescere ogni anno: aumentano i fedeli, le vocazioni sacerdotali e religiose. Ma recentemente le vocazioni hanno cominciato a diminuire in modo consistente. Come ovunque, la luce coesiste con le ombre, e così constatiamo che, sebbene aumenti il numero dei battezzati, non pochi lasciano la Chiesa e si allontanano dalla pratica religiosa. Certamente la tendenza al consumismo di tipo occidentale influisce sulle vocazioni sacerdotali e religiose, contribuendo alla loro diminuzione.

Quali sono secondo lei i rischi che la Chiesa in Corea deve evitare?

Anzitutto la «burocratizzazione» della vita sacerdotale. I sacerdoti devono comprendere sempre meglio che non sono funzionari o amministratori, ma pastori inviati dal Signore. L'essenza della vita sacerdotale non consiste principalmente nella «funzione», ma nel valore spirituale dell'identità di «uomo di Dio», la cui missione è la preghiera e l'annuncio della Parola. Ma certamente dobbiamo stare attenti al rischio del trionfalismo, che può sfociare persino nell'arroganza. La gente in Corea, anche i non cattolici, nutre grande rispetto e fiducia per i sacerdoti e per la Chiesa cattolica. A questa condizione privilegiata noi dovremmo rispondere con più umiltà e maggiore rispetto per i laici. E dobbiamo stare molto attenti alla secolarizzazione della Chiesa in Corea. Dobbiamo sforzarci di cercare le soluzioni ai problemi che di volta in volta si presentano, secondo il *sensus Ecclesiae*, l'insegnamento del Vangelo e il magistero della Chiesa, cercando di essere «Chiesa povera per i poveri», come ci raccomanda papa Francesco.

In Corea c'è una grande tradizione confuciana. Questa influenza in qualche modo la vita della Chiesa cattolica e il sentimento religioso? Come?

Penso che per rispondere a questa domanda possiamo distinguere il livello socio-politico, quello morale e quello religioso.

Cosa possiamo dire del livello socio-politico?

L'ordinamento socio-politico e l'autorità della Dinastia Yi (Chosŏn, 1392-1910) era basato sull'insegnamento confuciano. Se qualche individuo o gruppo sociale rifiutava l'insegnamento confuciano, il cui perno centrale era la fedeltà e l'obbedienza al sovrano, ciò era considerato una sfida diretta al potere del Re e un sovvertimento dell'ordine sociale. Per questo i primi cristiani furono perseguitati come traditori dello Stato e dell'ordine sociale, inaccettabili nel sistema socio-politico del tempo. Si trattava di una situazione simile a quella che determinò la persecuzione dei cristiani da parte dell'Impero Romano.

E a livello morale le cose sono simili? C'è tensione tra confucianesimo e cristianesimo?

Direi di no. A questo livello le cose sono diverse, e molti elementi confuciani sono accettabili dal cristianesimo. Così, ad esempio, il più importante dovere nella società tradizionale della Corea era il rispetto filiale. In questo senso, i primi cristiani coreani continuavano ad accettare e a vivere, nella luce del Vangelo, i principali elementi morali del confucianesimo, non sostituendo ma integrando tali valori etici nella legge morale cristiana.

E la religione? Il confucianesimo non è propriamente una religione, nel senso della relazione con il trascendente, come avviene nel cristianesimo, nell'ebraismo, nell'islam...

Esattamente. La fedeltà al Re, il rispetto filiale e la cerimonia sacrificale del culto degli antenati erano i principali doveri di tipo «religioso». Va notato, in questo contesto, che il rifiuto, da parte delle prime comunità cristiane, del culto degli antenati, ritenuto frutto di superstizione, ma che deriva dal rispetto filiale, è stata una delle cause principali della persecuzione contro i cristiani per circa un secolo. Oggi la Chiesa lo permette, interpretandolo come espressione di pietà religiosa e di preghiera per i defunti. Direi dunque che noi cattolici coreani accettiamo il valore positivo del confucianesimo in senso complementare, specialmente in ambito morale. Ci sono non pochi elementi simili a quanto insegna la Chiesa cattolica.

La storia coreana ci parla di frontiere e delle influenze, sia culturalmente pacifiche sia tragicamente violente, del «Celeste Impero», cioè della Cina, e del Giappone. La Corea ha incarnato le tensioni della Guerra fredda tra la Russia e gli Stati Uniti. Vive ancora incise nel suo territorio le geopolitiche del secondo Novecento. Ma essa è soprattutto terra di etnie multiformi, tradizioni antichissime e differenti tra loro, come quelle confuciana e sciamanica, ma anche quelle buddista e taoista. Può dirci come queste tensioni e questa pluralità di culture e spiritualità plasmino la sensibilità dei coreani e, in particolare, dei credenti?

La Corea è stata forzata dall'esterno a incarnare le tensioni della Guerra fredda tra la Russia e gli Stati Uniti, le cosiddette «superpotenze». La lotta tra queste superpotenze per i loro interessi nazionali è stata la causa principale del fatto che il nostro territorio si trova ancor oggi intrappolato nelle tensioni geopolitiche del secondo Novecento. Quanto al secondo aspetto della sua domanda, direi che, nonostante la Penisola sia storicamente terra di etnie diverse e multiformi, fin dall'inizio della storia del nostro Paese si è formato un unico popolo coreano, che ha mantenuto con coerenza la propria unità dal IV secolo d.C., pur essendo suddiviso politicamente, a seconda delle varie epoche, in 3 e anche in 5 nazioni. La Corea è un Paese di tradizioni antichissime e diverse, incluse quelle confuciana e sciamanica, ma anche quelle buddista e taoista. La base fondamentale della religiosità coreana si trova nella tendenza sciamanica, che si rivolge alla divinità per avere buona fortuna, la felicità, ed evitare la sventura, l'infelicità. La credenza di fondo è che Dio può aiutare a superare le situazioni difficili della vita. Si dice che il buddismo coreano, come pure, di recente, alcune comunità ecclesiali protestanti si siano potuti diffondere nella massa popolare proprio utilizzando questa religiosità sciamanica. La gente coreana è amante della pace e delle relazioni umane. Proprio questo amor di pace ha fatto sì che coesistano tranquillamente tradizioni religiose diverse: cristiana, confuciana, buddista, taoista e altre ancora.

Si dice che la Corea è un museo delle religioni, perché ci sono più di 60 diverse religioni e sètte…

Coesistiamo pacificamente tra noi, senza seri conflitti. Noi non usiamo in Corea l'espressione «le altre religioni», ma parliamo delle «religioni dei nostri vicini». Pur non condividendo la fede o la dottrina delle religioni dei vicini, ne riconosciamo il significato positivo, quando esse non disprezzano i valori morali universali. «Differenza», per la nostra mentalità, non significa immediatamente «sbaglio o errore». La differenza dei colori è un valore in se stesso, perché permette di creare un'opera d'arte, composta armonizzando insieme i vari colori. Ci sono tanti strumenti musicali diversi, però proprio a causa della loro diversa qualità, tonalità e sonorità, permettono di creare una sinfonia, armonizzando la diversità in senso positivo. Solo quando ci sono tanti fiori, di forma diversa, di colore diverso, di grandezza diversa, si può creare un bel giardino. Quando il Papa ha visitato la Corea, tre anni or sono, ha detto ai leader delle varie religioni: «Le persone nel viaggio della vita non camminano da sole, ma insieme». Noi tutti, presidenti delle 7 religioni maggiori della Corea, cerchiamo di coesistere pacificamente, collaborando insieme per trovare soluzioni ai problemi sociali e nazionali. Per quanto riguarda la sensibilità dei credenti cattolici, essi cercano di comprendere le religioni dei vicini secondo lo spirito del Concilio Ecumenico Vaticano II. Cercano di comprendere il valore positivo delle religioni dei vicini, specialmente in campo morale, distinguendo tra l'elemento culturale e quello religioso. Ogni anno i diaconi cattolici, che si preparano a ricevere il presbiterato, visitano le sedi centrali delle maggiori religioni per dialogare e comprendere. Questo li aiuta molto, per crescere nella conoscenza delle religioni dei vicini.

Sia ai vescovi coreani sia a quelli dell'Asia il Papa ha rivolto discorsi di ampio respiro, che, pur nella loro brevità, contengono le chiavi di lettura fondamentali del suo viaggio apostolico in Corea: un disegno di Chiesa e i tre rischi che la comunità ecclesiale coreana deve affrontare come sfide, cioè il trionfalismo, il benessere e la distanza tra popolo e pastori. Anzi, il Papa a Haemi ha parlato della necessità dell'«empatia» come fondamentale atteggiamento pastorale.

Sì, il Papa ha parlato del rischio del trionfalismo. È vero che la comunità ecclesiale coreana deve affrontare questo rischio come una sfida seria. Infatti, i cattolici sono un po' orgogliosi, perché molti coreani, cattolici e non cattolici, aspettano e ascoltano con stima le parole e le dichiarazioni della Chiesa cattolica in Corea, quando nasce qualche serio problema sociale o nazionale. Dal punto di vista numerico, la comunità cattolica è un gruppo minoritario, ma l'influenza sociale e politica della Chiesa in Corea è certamente più forte di quella delle religioni dei vicini. Penso che questo dovrebbe spingere noi cattolici a comportarci con più umiltà e prudenza.

Ma il Papa ha puntato la sua attenzione contro il rischio di accomodarsi nel benessere...

Il benessere può costituire veramente un pericolo, se mette la Chiesa a rischio di essere contaminata dal materialismo. In senso negativo, quando la persona cerca troppo il benessere, facilmente desidera avere ancora di più. In questa situazione non ci sarebbe più posto per accogliere le parole del Signore. Ecco perché papa Francesco si riferisce spesso alla «Chiesa povera per i poveri». La povertà ci offre la libertà cristiana per cercare e trovare il Signore. E in questo senso il benessere materiale è una sfida molto pericolosa per la Chiesa cattolica in Corea. Abbiamo bisogno di un maggiore rinnovamento, forte e concreto, camminando accanto alle Chiese più povere con spirito di fraternità e di carità.

La distanza tra popolo e pastori è l'altro rischio dal quale il Papa ha messo in guardia...

Si tratta di un problema reale in Corea, che dobbiamo impegnarci a superare. In genere c'è una buona relazione tra i sacerdoti che lavorano direttamente nelle parrocchie e i fedeli. Mentre il problema si avverte di più per i sacerdoti che non fanno servizio nelle parrocchie. Al di là di queste relazioni, alcuni pastori mostrano qualche tendenza alla burocratizzazione del loro servizio pastorale. Nei nostri ritiri del clero e nella formazione in Seminario, consigliamo spesso di rispettare e prendersi cura dei fedeli con spirito di umiltà, quale fondamentale atteggiamento pastorale.

Le parole del Papa hanno lasciato una traccia nella coscienza ecclesiale?

Ogni tanto cito le parole del Pontefice come criterio principale per rinnovare la vita dei fedeli, del clero e dei religiosi. Dopo la sua visita in Corea, per fare un altro esempio, i vescovi coreani hanno aperto un libretto bancario denominato «conto del buon samaritano», con i cui fondi aiutiamo Chiese più povere di altre nazioni. Noi vescovi rimettiamo una parte delle nostre entrate personali alla Conferenza episcopale di Corea, e così ogni anno essa, anche con quei fondi, offre concreta solidarietà alle Chiese più povere[2].

I laici coreani che iniziarono la vita delle prime comunità cristiane in Corea avevano conosciuto il Vangelo nei loro viaggi in Cina. Anche il primo sacerdote a mettere piede in Corea fu un cinese, Chu-mun-mo,

---

2. Cfr A. SPADARO, «Il viaggio di papa Francesco nella Repubblica di Corea. Custodia, empatia, consolazione», in *Civ. Catt.* 2014 III 403-418.

inviato dal vescovo di Pechino, morto martire a Seul. Oggi i sacerdoti e i laici coreani sono missionari in molte nazioni del mondo. Avete anche rapporti con la Chiesa cattolica in Cina?

Sì, abbiamo vari tipi di contatto, seppure non sempre ufficiali, sia con la Chiesa patriottica sia con quella sotterranea, ma dobbiamo essere prudenti. Ogni tanto la Chiesa patriottica ci chiede aiuto per la formazione nel Seminario maggiore o nei conventi delle suore, per insegnare filosofia, teologia, patrologia, oppure per ritiri ed Esercizi spirituali. Però non saprei dire se la ragione di queste richieste sia veramente la formazione stessa o sia solo per propaganda. Penso che ci sia ancora bisogno di un nuovo tipo di missionario, come lo fu Matteo Ricci, per costruire una buona relazione con la Cina continentale e per uno scambio di comune interesse tra le due parti, Santa Sede e Cina. Il governo della Cina continentale vuole evitare la divisione tra etnie e gruppi sociali nel Paese, ricordando la storia del colonialismo e dell'imperialismo occidentale. Secondo la legge sulla religione in Cina, i missionari stranieri non possono svolgere attività per i cinesi nella Cina continentale. Ogni anno i leader delle religioni dei due Paesi – Cina e Corea – si incontrano a turno in Cina e in Corea per comprendersi e collaborare reciprocamente per la pace tra i due Paesi, ed anche per la pace del mondo. Come principio generale, i cinesi considerano «la fiducia» un elemento fondamentale in qualsiasi relazione, sia umana sia commerciale e diplomatica.

Come vede il futuro delle relazioni tra Cina e Vaticano?

Penso che il futuro delle relazioni tra Cina e Santa Sede dipenderà dalla fiducia che si stabilirà tra i due, in uno scambio vantaggioso per entrambi. Anche la Cina è molto attenta alla relazione con la Santa Sede, per il suo interesse nazionale. Mi pare che ci voglia tempo per costruire la fiducia tra le due parti. Si potrebbe anche chiedere aiuto ad altri Paesi che hanno una buona relazione diplomatica con la Cina. Anche un invito al Papa per dialogare con i leader cinesi sulla pace nel mondo sarebbe auspicabile[3].

3. Sui rapporti tra Santa Sede, Chiesa cinese e governo cinese, cfr anche J. Guo Jiang, «Il cattolicesimo in Cina nel XXI secolo», in *Civ. Catt.* 2017 II 417-424; A. Spadaro, «La Chiesa e il governo cinese. Intervista a p. Joseph Shih», ivi 2017 IV 52-58.

Il terzo millennio, diceva san Giovanni Paolo II, sarà per la Chiesa il tempo dell'Asia. Quali sono le sue riflessioni su questa prospettiva e quale ritiene che sia lo specifico contributo che la Chiesa di Corea è chiamata a offrire per testimoniare e far conoscere il Vangelo di Cristo in Asia?

Nel 1966, quando ero seminarista nel Seminario maggiore di Gwangju, i professori gesuiti americani ci consigliavano di imparare il cinese. Credo che la Chiesa cattolica in Corea debba avere un progetto per testimoniare e far conoscere meglio il Vangelo di Cristo in Asia, cominciando dagli scambi culturali con i giovani di altri Paesi asiatici. Mi pare che incontrare direttamente giovani di vari Paesi dell'Asia possa essere un primo passo per aprire le finestre e le porte della Chiesa. Questo potrebbe essere lo specifico contributo che la Chiesa di Corea è chiamata a offrire per testimoniare e far conoscere il Vangelo di Cristo in Asia.

Quando si parla di cristianesimo in Corea, ci si riferisce non solo alla Corea del Sud, ma anche a quella del Nord, dove la presenza cristiana era ben radicata e fiorente prima dell'avvento dell'attuale regime. Pensa che i semi del Vangelo siano tuttora presenti, e se sì, in quale modo nel Nord del Paese?

Penso che i semi del Vangelo siano tuttora presenti, ma molto limitati. Penso che dobbiamo cercare, in modo ancora più dinamico, di stabilire contatti con le autorità della Corea del Nord. Infatti, il governo di questo Paese ha fiducia nella collaborazione con la Caritas Internazionalis, collegata con la Conferenza episcopale coreana. Spero che presto diventi possibile inviare alcuni sacerdoti per celebrare la Messa nelle grandi feste a Pyongyang, secondo l'accordo raggiunto nel 2015. Dobbiamo pregare il Signore e bussare continuamente alla porta della Corea del Nord, in uno scambio di collaborazione sia umanitaria sia religiosa tra i due Paesi.

Lei è stato diverse volte in visita a Pyongyang, con delegazioni della Chiesa cattolica, e anche con delegazioni ecumeniche. Ritiene che questi incontri abbiano portato frutti di riconciliazione e che possano riprendere in futuro?

Penso che la riconciliazione tra i nostri due Paesi non si possa realizzare in un attimo, come innalzando un obelisco, ma attraverso un processo, mettendo un mattone sopra l'altro. Ci vogliono tanta pazienza e prudenza. Mi pare che le religioni non possano rivendicare nessuna forza presso le autorità della Corea del Nord, perché il governo locale tiene sotto stretto controllo i gruppi religiosi. Tuttavia, la Corea del Nord non può evitare il problema della religione, conoscendo la sua influenza socio-politica nel mondo occidentale. In questa prospettiva, noi vogliamo cercare la collaborazione con le religioni, i gruppi sociali e i governi dei Paesi occidentali per aprire la porta al dialogo con la Corea del Nord. Al riguardo, è interessante notare che lo scorso giugno la Corea del Nord aveva invitato i leader delle 7 maggiori religioni presenti in Corea, ma dopo la decisione dell'Onu di inasprire le sanzioni contro la Corea del Nord, quell'invito è stato rinviato. Spero che l'invito possa essere presto rinnovato.

Il nuovo presidente della Repubblica coreana, Moon Jae-in, poco dopo la sua elezione, ha nominato Lei suo «Inviato speciale» presso il Papa, con l'incarico di recare al Pontefice una sua lettera personale. Erano gli stessi giorni in cui papa Francesco riceveva in Vaticano il presidente Trump. Cosa può dirci di questa sua particolare missione, del suo svolgimento e del suo esito?

In quel momento, quando fui mandato come «Inviato speciale» presso il Pontefice, c'era la minaccia di guerra nella Penisola coreana a causa del conflitto tra gli Stati Uniti e la Corea del Nord. Il nuovo Presidente della Corea del Sud voleva spiegare la sua posizione per la pace della Penisola coreana e chiedere la preghiera e l'aiuto di papa Francesco, prima che egli desse udienza al presidente Trump. Penso che la mia missione sia stata positiva, grazie anche all'aiuto del Segretario di Stato, card. Pietro Parolin. Il nuovo presidente, Moon Jae-in, il cui nome di battesimo è «Timoteo», ha ringraziato il Pontefice e tutti coloro che ci hanno aiutato. Colgo questa opportunità per ringraziare di nuovo papa Francesco, Sua Eminenza Pietro Parolin e la Nunziatura apostolica in Corea.

Quali sono i sentimenti dei cattolici coreani davanti alle tensioni internazionali legate al lancio dimostrativo di missili da parte della Corea del Nord?

I sentimenti dei cattolici coreani in questi casi dipendono dalla loro tendenza politica: conservatori o progressisti. Alcuni interpretano quelle azioni della Corea del Nord come una via di sopravvivenza contro le superpotenze, altri invece ritengono quel gesto un'inaccettabile minaccia di guerra. Penso che i lanci dimostrativi di missili costituiscono un messaggio forte, quello di essere disposti a dialogare con gli Stati Uniti, ma solo su un piano di parità. Alcuni chiedono come condizione per entrare in dialogo con la Corea del Nord che essa previamente rinunci agli esperimenti nucleari. Ma non è forse questa una logica sbagliata? Che la Corea del Nord rinunci agli esperimenti nucleari non costituisce forse esattamente lo scopo del dialogo stesso? Fino ad oggi ci sono stati diversi dialoghi tra Corea del Nord e Usa, tra Corea del Sud e Corea del Nord, però non hanno prodotto frutti definitivi. Perché? Molti coreani pensano che tutte le superpotenze coinvolte stiano usando questa tensione con la Corea del Nord per i loro interessi nazionali. Si dice che alcuni Paesi stiano ottenendo grossi guadagni, proprio strumentalizzando e prolungando questa tensione nella penisola coreana.

Da attento osservatore e protagonista della vita sociale del Paese, come pastore di un'importante arcidiocesi e presidente della Conferenza dei vescovi, crede che sia ancora possibile la via della pacifica riconciliazione tra le «due Coree»? Quali passi concreti bisognerebbe compiere, da subito, per percorrere questa via?

Penso che sia ancora possibile la via della pacifica riconciliazione nella nostra Penisola. Il popolo coreano, sia nel Sud sia nel Nord, ha la stessa lingua, scrittura, storia, cultura, tradizione. Lo stesso sangue e lo stesso cuore. Ciò costituisce la fondamentale omogeneità del popolo coreano. Su questa base, sono convinto che, se le superpotenze non ce lo impediscono, abbiamo in noi stessi le risorse umane e culturali per riconciliarci tra noi, e per essere a nostra volta costruttori di pace nell'Asia del Nord-Est e dare il nostro contributo alla pace del mondo intero. Ritengo che sarebbe meglio appoggiare e favorire il dialogo diretto tra Corea del Sud e Corea del Nord, senza l'intervento di nessun altro Paese estero.

Recentemente Lei è stato ricevuto di nuovo dal Papa assieme a una delegazione interreligiosa composta dai leader delle 7 principali religioni in Corea. Quale può essere il contributo specifico delle diverse confessioni religiose in questo necessario processo di riconciliazione e di pace? E quale, in questo contesto, quello particolare dei cattolici?

C'è una differenza fondamentale di carattere tra orientali e occidentali: gli orientali hanno una mentalità intuitiva, piuttosto che una mentalità logica e razionale, che è propria degli occidentali. Noi leader delle 7 principali religioni in Corea ogni due anni facciamo un pellegrinaggio insieme di quasi una settimana, visitando a turno diversi santuari di ogni religione. Durante il pellegrinaggio, approfittiamo per dialogare tra noi sui vari temi, e così possiamo comprenderci meglio reciprocamente. Questa esperienza del pellegrinaggio ci fa collaborare più facilmente, superando con pazienza qualche problema particolarmente acuto. La pace *inter nos* ha una forte influenza sulla pace con gli altri. In generale, i coreani pensano che quella cattolica sia una religione generosa e benevola e, in quanto tale, più accettabile di altre. Vedo che le altre religioni della Corea attribuiscono alla Chiesa cattolica un ruolo di coordinamento tra le varie confessioni religiose in favore della pace, della giustizia e dell'armonia nella nostra nazione e in tutta la Penisola coreana.

LA COREA DEL SUD DOPO LA
«RIVOLUZIONE DELLE CANDELE»

Seil Oh S.I.

Con la «Rivoluzione delle candele» del 2017 la Repubblica di Corea – vale a dire la Corea del Sud – ha vissuto un drastico cambiamento. Come molti altri popoli del mondo, i coreani hanno molto sofferto a causa di una guerra brutale, come pure della divisione del loro Paese. Di recente essi si sono mobilitati in un movimento popolare caratterizzato da un simbolo di speranza e di nonviolenza quale è la luce delle candele. Il Parlamento sudcoreano ha destituito la presidente Park Geun-hye, portando a termine quella che è nota, appunto, come la «Rivoluzione delle candele». Essa era partita in sordina il 29 ottobre 2016. Per sei settimane i sudcoreani sono scesi in piazza al calar della sera, ogni sabato, al lume di candela. Si sono radunate fine a 2 milioni di persone.

Il nuovo governo sudcoreano, che è in carica dal maggio 2017, fortemente sostenuto dall'*ethos* civile, che vuole la giustizia sociale, sta affrontando la riforma dei mali sociali cronici della nazione, che hanno comportato anche l'incarcerazione dei due ultimi Presidenti[1], e sta perseguendo nuove soluzioni per i problemi di natura geopolitica e diplomatica.

Ciò nonostante, nella penisola coreana la giustizia non può ancora baciare la pace – per dirla con le parole del *Sal* 85,11 –, né potrà farlo finché non saranno risolte le tensioni derivanti dalla divisione tra Sud e Nord che affligge il Paese dal termine della Seconda guerra mondiale. La Chiesa cattolica coreana ha pregato con fede e ha cercato di testimoniare che quel bacio, tanto desiderato, è possibile.

---

1. Il 6 aprile scorso l'ex presidente sudcoreana è stata dichiarata colpevole di abuso di potere e coercizione. Ha ricevuto quindi la condanna a 24 anni di carcere.

© La Civiltà Cattolica 2018 II 124-136 | 4028 (21 apr/5 mag 2018)

I due volti della moderna Corea del Sud: lo sviluppo e gli antichi mali

Con quello che è stato chiamato «il miracolo sul fiume Han» la Corea del Sud si è risollevata dalle rovine della Guerra di Corea (1950-53) e ha imboccato la strada di un rapido sviluppo economico e industriale, conquistando anche la democratizzazione politica con il referendum nazionale del 1987. Ha poi elevato il proprio *status* nazionale celebrando a Seul i Giochi olimpici del 1988, co-ospitando la Coppa del mondo di calcio nel 2002 insieme al Giappone e, più di recente, le Olimpiadi invernali nel 2018 a Pyeongchang.

Sebbene abbia aderito con orgoglio all'Ocse in qualità di Paese «sviluppato», la nazione sudcoreana ha tuttavia sofferto per un serio degrado della «qualità della vita», segnato da una contrapposizione sociale sempre più accentuata e dal più alto tasso di suicidi tra i Paesi Ocse. In poche parole, le luci e le ombre che accompagnano lo sviluppo esteriore della nazione sudcoreana, così come i suoi problemi interni, riflettono le divisioni esistenti in seno alla società civile. I gruppi conservatori, tradizionalmente attenti alla questione della sicurezza nazionale e della crescita economica, si contraddistinguono per posizione internazionali marcatamente filo-atlantiche, mentre quelli di matrice progressista pongono una particolare attenzione ai problemi della giustizia sociale e della pace.

Come si svilupperanno questi due volti della società sudcoreana? Affronteremo il quesito sulla scorta delle tappe sociali e storiche della nazione.

Nella prima fase della loro storia recente i coreani non sono stati in grado di fare una seria riflessione sulle cicatrici lasciate nel loro popolo dall'occupazione giapponese (1910-45), né di chiedere la condanna dei collaborazionisti. Nel settembre 1948 l'Assemblea nazionale costituente aveva dato vita a un Comitato speciale per perseguire gli antinazionalisti, istituito per assicurare alla giustizia i «traditori pro-giapponesi» che avevano aiutato l'impero coloniale nipponico e perseguitato gli attivisti militanti per la liberazione nazionale. Nel giugno 1949, tuttavia, il primo presidente Syngman Rhee sciolse forzosamente quel Comitato, mandò liberi i collaborazionisti pro-giapponesi, elogiandoli in quanto «anticomunisti», e li trattò da alleati politici. Dato che la Guerra fredda è proseguita anche dopo la divisione della penisola coreana, avvenuta in seguito alla Guerra di Corea (1950-1953), le forze favorevoli ai giapponesi si sono inserite nei gruppi di *élite* del Sud e hanno mantenuto i diritti acquisiti in virtù del loro «anticomunismo». E così fin dall'inizio della Repubblica di Corea la realizzazione della giustizia sociale e della democrazia è stata compromessa dai politici al governo, che hanno approfittato della divisione tra Nord e Sud.

In una seconda fase, dal 1961 al 1992, i regimi militari dittatoriali di quell'epoca giustificarono lo sfruttamento degli emarginati (agricoltori, braccianti, ceti poveri urbani) e ne ignorarono i diritti umani fondamentali, conducendo processi totalitari di industrializzazione, basati sui *chaebol* (grandi conglomerati industriali). Le libertà di stampa e di parola vennero soppresse in nome dell'anticomunismo e della contrapposizione all'ideologia più aperta nei confronti della Corea del Nord. Le voci critiche vennero soffocate dal rafforzamento governativo dell'*ethos* della libera economia di mercato, espresso in slogan quali «La crescita prima della distribuzione» e «La nazione sopravvive soltanto quando sopravvivono le aziende». Nel 1998, inoltre, fu avviata la supervisione dell'economia sudcoreana da parte del Fondo monetario internazionale (Fmi); e il libero mercato neoliberista introdotto dal Fmi cambiò dolorosamente la struttura economica sudcoreana e condusse a una sperequazione crescente.

I governi partecipativi (1998-2008) di Kim Dae-jung e Roh Moo-hyun, i primi due presidenti nella storia coreana provenienti dal Partito democratico, riuscirono a svincolarsi dalla tutela del Fmi, ma non furono in grado di assicurare la «continuità della stabilità economica e dello sviluppo» promessa dal sistema economico neoliberista. Come indubbia nota positiva, tuttavia, bisogna ricordare che entrambi quei presidenti hanno visitato la Corea del Nord, per condurre vertici, rispettivamente, con Kim Jong-il e con il figlio Kim Jong-un – i due ultimi leader che si sono succeduti alla guida di quel Paese –, e sono riusciti ad aprire un dialogo tra le due Coree e a collaborare con un atteggiamento di riconciliazione e di pace.

Nella terza fase, che arriva fino a tempi recenti (2008-2017), si sono succeduti governi conservatori e neoliberisti. Durante la presidenza di Lee Myung-bak (2008-2013), ci sono state la stipulazione dello *United States-Korea Free Trade Agreement* (Fta), l'accordo Corea del Sud-Usa di libero scambio, e l'attuazione del «Progetto governativo di ricostruzione dei quattro fiumi», che ha causato gravi danni alla vita delle persone e dell'ambiente, ma ha arrecato grandi vantaggi ad alcuni imprenditori e politici. Sotto l'amministrazione della presidente Park Geun-hye, la collusione tra politica e affari si è intensificata. Molti hanno osservato che, perseguendo benefici privati, i due ultimi governi hanno disatteso la giustizia sociale e hanno accentuato le tensioni tra le due Coree. Oggi, i due ultimi ex presidenti, Lee e Park, sono in carcere.

La «Rivoluzione delle candele» e l'«impeachment» dell'ex presidente Park

La presidente Park Geun-hye («Park dell'avvenire»), figlia maggiore del presidente Park Chung-hee che conquistò il potere con un colpo di Stato militare nel 1961, è stata insignita, il 25 febbraio 2013, dell'onore di essere la prima donna presidente della Corea del Sud. Tuttavia, fin dalla sua elezione, l'amministrazione nazionale sudcoreana è stata vittima di continui disordini e divisioni. Pur avendo inizialmente goduto del sostegno e della simpatia del popolo, grazie alla fama del defunto padre che aveva guidato lo sviluppo economico della Corea del Sud, dopo la divulgazione del cosiddetto «Park & Choi Gate»[2], la Presidente ha dovuto cedere il

---

2.   Ha fatto da detonatore la divulgazione, da parte della Jtbc (emittente televisiva via cavo), dei contenuti del tablet di Choi Soon-sil, che ha dimostrato l'incompetenza e l'irresponsabilità della Park nei confronti del popolo coreano. Choi è una figura controversa, figlia del fondatore di una setta religiosa, che si è scoperto avere un forte influsso sulla presidente Park. Nel computer di Choi non c'erano soltanto molti discorsi pubblici della Presidente corretti e modificati, ma anche numerose tracce di malversazioni riguardanti nomine strategiche nell'amministrazione nazionale, a fronte di contributi monetari illeciti da parte di gruppi industriali e del sostegno fornito dal governo a fondazioni private usate come copertura. Dopo che sono stati resi noti il contributo di 3 milioni di dollari fornito dalla Samsung per i cavalli da corsa della figlia di Choi, Chung Yoo-ra, e lo scandalo del trattamento preferenziale riservato alla stessa Chung per entrare alla *Ewha Womans University*, il furore popolare ha trovato espressione nella «Rivoluzione delle candele». Il 30 maggio 2017 il giornalista Marcellino Shon Sukhee, presidente della Jtbc, è stato insignito del Premio per i mezzi di comunicazione cattolici.

passo di fronte al vasto movimento di protesta suscitato in tutto il Paese. L'*impeachment* della Park, invocato con una grande manifestazione popolare, e la richiesta di dimissioni, scandita a gran voce nelle manifestazioni della «Rivoluzione delle candele», sono stati approvati dall'Assemblea nazionale il 9 dicembre 2016 (con 234 voti favorevoli, 56 contrari) e sono stati sanciti all'unanimità dalla Corte Costituzionale il 10 marzo 2017. Quindi la Procura speciale sudcoreana ha avviato un'indagine sulle pratiche illecite esistenti tra il «Park & Choi Gate» e la Samsung.

Il problema più grande del governo Park è consistito nell'abbandono della propria responsabilità, in particolare nel chiarire questioni e problemi specifici affiorati nella sfera pubblica. Per esempio, esso non si è assunto la responsabilità di spiegare il naufragio del traghetto Sewol del 16 aprile 2014, una tragedia in cui sono annegati 304 cittadini, per la maggior parte studenti. Mentre il traghetto affondava, la Park è stata irreperibile per più di 7 ore, e ha taciuto su quell'assenza come se si trattasse di un segreto nazionale. Ricordiamo che, quando papa Francesco ha visitato la Corea nell'agosto 2014, ha incontrato e confortato le famiglie delle vittime del disastro, e ha detto: «Con il dolore umano non si può essere neutrali»[3].

La «Rivoluzione delle candele» del 2017, nata come una preghiera nazionale per manifestare la resistenza nonviolenta alle imposizioni della Park, si è evoluta in un movimento culturale e popolare pacifico, in cui le attese dei comuni cittadini si sono innalzate come incenso che brucia.

Le manifestazioni vennero inizialmente sospese per un incidente che, tuttavia, fu come benzina versata sulle ardenti aspirazioni dei cittadini al cambiamento politico. Nonostante l'opposizione della sua famiglia in lutto, la polizia aveva tentato di imporre l'autopsia del corpo di Immanuel Baek Nam-ki, responsabile dell'Associazione cattolica degli agricoltori, morto dopo 10 mesi di coma e stato vegetativo, perché era stato colpito dagli idranti della polizia nel novembre 2015. Nei registri dell'ospedale la morte era stata attribuita a una malattia, e non a cause esterne. Le organizzazioni religiose e

---

3. Cfr A. Spadaro, «Il viaggio di papa Francesco nella Repubblica di Corea. Custodia, empatia, consolazione», in *Civ. Catt.* 2014 III 403-418.

la grande maggioranza dei cittadini erano fortemente contrarie alla decisione del governo di ordinare un'autopsia destinata ad attribuire la causa della morte di Baek a una malattia: in sostanza, governo e polizia hanno accusato Baek della propria morte[4].

Un primo raduno di massa con le candele è avvenuto alla veglia funebre per Baek, il 5 novembre 2016. La partecipazione era aperta a tutti, e chiunque poteva portare una candela accesa per esprimere l'ardente desiderio di una «nazione migliore» e di un «nuovo ordine» in cui il popolo fosse l'effettivo padrone della nazione.

Le manifestazioni si sono svolte ogni sabato a Kwangwhamun Plaza, nel centro di Seul, come pure nelle altre città più importanti del Paese, per 6 mesi, a partire dal 19 ottobre 2016 fino al 29 aprile 2017, per un totale di 24 volte. In occasione della sesta manifestazione, il 3 dicembre 2016, poco prima che la risoluzione sull'*impeachment* venisse discussa all'Assemblea nazionale, a Seul si sono radunate circa 1.700.000 persone, e 2.320.000 nell'intera Corea del Sud. Sebbene in contemporanea si fossero svolte «contromanifestazioni delle bandiere», organizzate da gruppi conservatori con il sostegno del governo – a riprova delle divisioni esistenti in seno alla società civile –, la stragrande maggioranza dei sudcoreani sostenne le manifestazioni[5]. È innegabile il fatto che esse hanno portato a un esito politico istituzionale, sebbene di per sé l'*impeachment* sia stato formalizzato dall'Assemblea nazionale e dalla Corte Costituzionale.

Se osserviamo la «Rivoluzione delle candele» e il modo in cui si è svolta nella prospettiva della storia mondiale dei movimenti sociali, possiamo notare alcuni elementi peculiari. Il più sorprendente è che la gente ha condotto questa lotta, durata più di 6 mesi, con vere e proprie «manifestazioni di pace». All'inizio la folla furibonda aveva tentato con la forza di rompere le barricate della polizia, arrampi-

---

4.   L'episodio ha fatto venire in mente il racconto biblico in cui il re Acab e sua moglie Gezabele si impadronirono della terra di Nabot uccidendolo, e cercando di giustificarne la morte (cfr 1 *Re* 21,1-10).

5.   I gruppi conservatori accusarono gli organizzatori delle manifestazioni di attentare alla sicurezza nazionale, nonché di avallare e diffondere *fake news*, come quella che la Jtbc si sarebbe inventata di sana pianta il contenuto del tablet di Choi. Nel corso di queste manifestazioni contro l'*impeachment* della Park, il 10 marzo 2017, vari cittadini furono uccisi a causa dei violenti scontri.

candosi sugli autobus usati dalla forza pubblica per bloccare la marcia delle manifestazioni ufficiali. Tuttavia la maggioranza assoluta dei cittadini ha gridato di continuo: «Pace, pace, pace…», esortando tutti i partecipanti a dare vita a manifestazioni pacifiche; tant'è vero che non ci sono stati scontri violenti, e quindi nemmeno vittime e feriti, né da parte dei cittadini né da parte delle forze di polizia. Più tardi, come espressione di resistenza agli sbarramenti degli autobus, alcune persone hanno affisso cartelli sulle loro fiancate; ma altri cittadini coscienziosi li hanno rimossi volontariamente, per non urtare la suscettibilità dei giovani e innocenti esponenti della polizia.

Molte famiglie, composte da giovani coppie con bambini, hanno animato la vita delle manifestazioni come se stessero prendendo parte a un festival. Si sforzavano sinceramente di mantenere pacifiche quelle dimostrazioni, come lezione per loro e per i loro figli. Inoltre, verso le 11 di sera, quando le manifestazioni si avviavano alla conclusione, studenti delle scuole medie inferiori e superiori, insieme a numerosi altri cittadini, si mostrarono solidali con gli operatori delle pulizie, raccogliendo la spazzatura e mettendola in sacchetti di plastica. E sebbene la marcia dei partecipanti si sia spesso avvicinata alla Casa Blu (la residenza presidenziale) proprio nei momenti in cui la rabbia nazionale contro la politica si faceva sempre più intensa, non si sono verificati episodi di violenza. Gli interventi volontari dei cittadini, della durata di 3 minuti, si sono avvicendati di continuo sul «podio del libero discorso», allestito nella Kwanghwamun Plaza di Seul, come pure nei centri commerciali di tutto il Paese.

Tutto questo processo ha fortemente incrementato l'aspirazione alla democrazia e il livello di coscienza politica dei cittadini della Repubblica di Corea. Nei luoghi delle manifestazioni, attraverso la coscienza collettiva della propria cittadinanza, si è andata formando quella «democrazia partecipativa dal basso» che ha man mano acquisito una forte influenza sulla politica istituzionale.

Così le fiamme appiccate dai cittadini con i loro raduni nonviolenti alla fine hanno provocato un legittimo e pacifico avvicendamento del potere politico. I loro 6 mesi di raduni di massa, nell'aspro inverno 2016-17, hanno aperto una nuova fase politica. Il processo di democratizzazione che tre decenni prima, nel 1987, aveva portato al sistema di voto presidenziale diretto faceva riscontro a una crisi della democrazia causata dai limiti di rappresentatività dell'apparato governativo, dalla collusione tra la politica e le forze economiche e da anni di crescente corruzione.

La «Rivoluzione delle candele» si è rivelata una espressione di «sovranità popolare sulla nazione». Ha ridestato il potere del popolo come attore politico e ha realizzato una democrazia dal basso, fondata sulla solidarietà dei cittadini e sul forte desiderio di una nazione giusta. L'*impeachment* presidenziale e il processo elettivo di un nuovo Presidente sono avvenuti in coerenza con il profondo desiderio popolare di giustizia e di democrazia dal basso, che è stato confermato dalla legittima autorità del potere legislativo e giudiziario.

Un nuovo cammino di integrazione nazionale e di pace

Il neoeletto presidente Moon Jae-in è un uomo di Stato ben preparato sotto vari aspetti. È stato il capo della segreteria del 16° presidente, Roh Moo-hyun, ed è entrato in politica dopo il suicidio di Roh, nel 2009. Sconfitto alla 18ª elezione presidenziale del 2012, Moon ha partecipato nel 2014 allo sciopero della fame delle famiglie in lutto per la tragedia del traghetto Sewol, durato 10 giorni, ha preso parte alla «Rivoluzione delle candele» e si è dedicato a ricostruire il movimento per la riforma e la fiducia nel Partito democratico.

Moon, cattolico praticante, che è stato eletto come presidente il 10 maggio 2017 con il 41% dei voti, ha visto poi salire la sua popolarità a oltre l'80%[6]. Inoltre, egli si sta adoperando per ristabilire i

6. Questo anche grazie alla sua personalità affabile e informale e al suo comportamento non autoritario. Per esempio, egli si è avvicinato senza esitazioni e ha abbracciato calorosamente una giovane donna che aveva letto uno scritto in cui esprimeva il proprio dolore per la perdita di suo padre, avvenuta nel massacro seguito al moto democratico di Gwangju, nel 1980. Dinanzi a questo gesto, il cuore della gente si è sentito molto confortato. Da parte sua, la *first lady*, mentre stava trasferendosi alla Casa Blu, ha visto una donna che, in lacrime, esponeva una petizione, chiedendo aiuto e l'ha abbracciata; poi l'ha invitata nel palazzo presidenziale e le ha servito un pasto. L'atteggiamento spontaneo, naturale e umile del Presidente e della *first lady* viene visto come esempio del tipo di «leader umano» che il popolo desidera. Il 19 settembre 2017, l'*Atlantic Council*, un *think tank* americano, ha attribuito al presidente Moon il «World Citizen Prize» per avere favorito la consapevolezza dei cittadini e lo sviluppo della democrazia tramite la «Rivoluzione delle candele».

capisaldi della nazione in molte aree: ha avviato le riforme dei procedimenti penali, della stampa, dell'istruzione, dei conglomerati industriali; sta migliorando la protezione dell'ambiente e la sicurezza delle persone; cerca di mantenere un forte controllo su vari progetti di sviluppo, tra cui quelli degli impianti nucleari.

Tuttavia la Corea del Sud oggi ha un grande ventaglio di sfide cui far fronte, all'interno e all'estero. Come altre nazioni, deve affrontare l'instabilità economica dovuta alle fluttuazioni della finanza internazionale. Non soltanto la proprietà della Samsung, ma anche l'ex presidente Lee Myong-bak sono stati posti sotto indagine per frode e corruzione; e non è stata ancora trovata una soluzione al licenziamento dei lavoratori irregolari. In particolare, il Paese è sottoposto, da un lato, alla pressione esterna del mercato globale neoliberista e capitalista e, dall'altro, alla contemporanea minaccia alla sicurezza che le viene dalla Guerra fredda tra le due Coree. Nonostante tutti i problemi e le sfide, la Corea del Sud ha strenuamente cercato di trovare un modo per raggiungere l'integrazione nazionale e internazionale, e lo ha fatto con successo di recente, ospitando a Pyeongchang le Olimpiadi invernali del 2018.

L'enigma della pace nella penisola coreana

Veniamo ora alla relazione tra le due Coree, quella del Sud e quella del Nord. Tutti i coreani sanno che nella penisola coreana non esiste giustizia senza la pace, e tutto il mondo sa che nel 2017 le tensioni geopolitiche in questa zona hanno subìto una brusca accelerazione. Sebbene nel 1985 la Corea del Nord avesse aderito al Trattato di non proliferazione nucleare (Tnp), che vieta la diffusione delle armi nucleari, già nel 1993 essa ritirò la propria adesione e si adoperò per entrare in possesso di armi nucleari[7]; e l'anno scorso ha continuato in modo più palese a sviluppare armi nucleari, nonostante l'opposizione unanime di tutti i Paesi limitrofi. L'annuncio fatto dalla Corea del Nord nel settembre 2017, del successo ottenuto con il sesto test nucleare di un missile balistico intercontinentale

---

7. Cfr A. MACCHI, «Il ritiro della Corea del Nord dal trattato di non proliferazione nucleare», in *Civ. Catt.* 2003 I 337-344.

(Icbm), ha preoccupato oltremodo la Corea del Sud, il Giappone, gli Stati Uniti, la Cina, la Russia e altre nazioni. La guerra verbale tra il leader della Corea del Nord Kim Jong-un e il presidente degli Stati Uniti Donald Trump, ha accresciuto la preoccupazione per la sicurezza coreana e per l'eventualità di una guerra imminente[8].

Gli Stati Uniti hanno mantenuto il controllo militare operativo delle forze sudcoreane fin dalla Guerra di Corea, e il governo della Corea del Sud, sotto la pressione politica Usa, dal 2007 al 2016 ha costruito una base navale sull'isola di Jeju; nel 2016 ha schierato il sistema antimissile *Terminal High Altitude Area Defense* (Thaad, in italiano «Difesa d'area terminale ad alta quota»), in linea con le sue strategie geopolitiche contrapposte alla Cina e in alleanza con il Giappone. Con il forte accento posto sulla tutela della propria economia nazionale, inoltre, il presidente Trump ha messo sotto pressione l'economia sudcoreana, applicando dazi su alcuni prodotti e rinegoziando l'accordo di libero scambio tra i due Paesi. Nello stesso tempo, la Corea del Sud ha dovuto affrontare il boicottaggio messo in atto dalla Cina, che fa di tutto per annullare l'attuazione del sistema Thaad nel territorio sudcoreano. Insomma, gli Stati Uniti e la Cina hanno messo all'angolo la Corea del Sud.

Al fine di superare le attuali incertezze politiche, il presidente Moon ha fatto un tentativo per riprendere il dialogo con la Corea del Nord. Nel gennaio di quest'anno, le delegazioni sud e nordcoreane hanno stretto accordi riguardo alla pacifica co-partecipazione ai Giochi olimpici invernali. Anche papa Francesco ha apprezzato il fatto che la tradizionale tregua olimpica abbia assunto un particolare significato come segno di speranza «in un mondo in cui i conflitti si risolvono pacificamente con il dialogo e nel rispetto reciproco»[9]. È interessante notare che la sorella minore del leader nordcoreano Kim Jong-un ha partecipato ai Giochi, dando ai sudcoreani un'impressione positiva con il suo comportamento composto; e gli atleti nordcoreani, le *cheerleaders* e i cantanti sono riusciti a scaldare la finora raggelata sensibilità della gente nei confronti della Corea del

---

8. Cfr G. SALE, «Corea del Nord e crisi nucleare», in *Civ. Catt.* 2017 II 339-354.
9. Cfr www.vaticannews.va/it/papa/news/2018-02/appello-di-papa-francesco-per-le-olimpiadi-invernali-di-pyeongch.html

Nord. Certamente è stata una mossa indovinata per guadagnare il favore e la simpatia popolari.

Lo sfilare assieme degli atleti provenienti dal Nord e dal Sud nella cerimonia di apertura e la presenza di una squadra olimpica coreana unificata di hockey su ghiaccio hanno riacceso nei cuori coreani la fiamma sepolta che desidera la riunificazione, e l'atmosfera di riconciliazione ha spianato la strada a un nuovo vertice tra i leader delle due Coree, che avverrà alla fine di aprile di quest'anno.

Mentre i coreani sono in trepida attesa di tale vertice, la stessa decisione di organizzarlo ha dato il via alla straordinaria possibilità di un altro incontro, quello tra Kim Jong-un e Donald Trump, forse a fine maggio. Ovviamente ai prossimi vertici ogni leader si presenterà con il proprio programma politico ed economico. Il programma di Kim Jong-un è, senza dubbio, quello di cercare di ridurre le pressioni e le sanzioni economiche; ma è ancora da chiarire l'ipotesi che questi vertici possano portare al disarmo nucleare da parte sua. I sudcoreani guardano al presidente Moon con la speranza che riesca a garantire la sovranità della nazione, in modo tale che le potenze mondiali non possano violare la pace nella penisola[10].

Ruoli pubblici della Chiesa cattolica coreana

In tutto questo processo la Chiesa cattolica ha svolto un ruolo significativo. Essa si è stabilita in Corea nel 1784, ma ha attraversato 100 anni di persecuzione. Durante il periodo coloniale dell'occupazione giapponese, nella prima metà del XX secolo, la sua autorità è diminuita sotto l'influsso di alcuni missionari stranieri – compreso un Vicario apostolico –, che hanno risolutamente difeso e mantenuto la separazione tra religione e politica (e quindi rispetto agli opposti movimenti di indipendenza della Corea), al fine di proteggere la Chiesa stessa.

Nella seconda metà del secolo scorso, però, la Chiesa ha notevolmente accresciuto il suo prestigio, nella misura in cui è aumentata la fiducia popolare nei confronti delle guide ecclesiali. I

---

10. Cfr A. SPADARO, «Presente e futuro della Corea. Intervista a mons. Hyginus Kim Hee-joong», in *Civ. Catt.* 2017 IV 166-177.

cattolici sono attualmente circa l'8% della popolazione totale[11], ma la fiducia popolare nei confronti della Chiesa cattolica viene considerata superiore a quella verso tutte le altre religioni della nazione[12]. La Conferenza episcopale coreana (Cbck) e il Comitato giustizia e pace di ogni diocesi hanno costantemente trasmesso il messaggio sociale del Vangelo durante i tempi turbolenti di caos governativo nazionale.

In particolare, la Chiesa cattolica coreana ha offerto un significativo contributo nel confronto democratico nazionale del 1987. Il card. Kim Soo-hwan (arcivescovo di Seul dal 1969 al 1998) si è dimostrato una figura autorevole, opponendosi al regime dittatoriale, e la cattedrale di Myeong-dong ha ricevuto il nome di «Santo sito di democratizzazione». L'Associazione per la giustizia dei sacerdoti cattolici (Cpaj) ha svolto a sua volta un ruolo importante: nel 1987 ha chiesto la soppressione del sistema tirannico che proteggeva le elezioni presidenziali indirette, ha rivelato la morte di una studentessa universitaria, Park Jong-cheol, torturata dalla polizia, e ha riacceso le braci morenti del fuoco della lotta democratica. Ha criticato incessantemente il totalitarismo della nazione, il militarismo, il capitalismo selvaggio, e ha assunto l'iniziativa in molte questioni sociali, compresa l'opposizione al patto militare coreano-americano e alla costruzione della base navale sull'isola di Jeju. Ha dato inoltre un forte sostegno ai movimenti ambientalisti.

Nel 2014 e nel 2015 la Chiesa cattolica ha svolto il proprio efficace ruolo sociale, animando la continua accensione di candele votive a sostegno delle famiglie in lutto per il disastro del traghetto Sewol e offrendo Messe per le strade perché si rivelasse la verità su quella

11. Secondo il censimento del 2015, la popolazione religiosa sudcoreana è distribuita così: protestanti 19,7%, buddisti 15,5%, cattolici 7,9%, nessuna religione 56,1%. La proporzione dei cattolici coreani ha mostrato una lieve flessione rispetto al 10,8% del 2005. Riguardo alla crisi della Chiesa e alle riflessioni pastorali nel contesto post-secolare, cfr S. OH, «The Crisis of Korean Catholic Church in the Post-Secular Society: In the Light of the Legitimacy Crisis», in *Catholic Theology and Thought* 76 (2015) 83-113.

12. Un sondaggio effettuato nel 2017 dal Movimento etico cristiano coreano mostra che le religioni in cui i cittadini coreani ripongono maggiore fiducia sono, nell'ordine, il cattolicesimo (32,9%), il buddismo (22,1%) e il protestantesimo (18,9%). Cfr CHRISTIAN ETHICS MOVEMENT OF KOREA, «Result of the Poll of the Social Trust in the Korean Church», 2017.

tragedia e sulla morte del contadino Immanuel Baek Nam-ki. Nel 2017, inoltre, attraverso gli sforzi accentuati della Cpaj, insieme con la Federazione degli Ordini religiosi e degli attivisti sociali laici, la Chiesa ha dato un incessante contributo alla «Rivoluzione delle candele».

La divisione tra Corea del Nord e Corea del Sud, inizialmente imposta da Russia e Stati Uniti nel 1948 e consolidata dopo la Guerra di Corea, influisce ancora sulla condizione della Chiesa e della società sudcoreana. Questa divisione risalta nella società civile, come hanno dimostrato sia le manifestazioni della «Rivoluzione delle candele», da parte delle forze progressiste, sia le manifestazioni delle bandiere, da parte delle forze conservatrici. La Chiesa cattolica coreana ha il compito di guidare le persone verso strade di integrazione in cui la giustizia possa baciare la pace.

Durante la sua visita in Corea, nell'agosto 2014, papa Francesco ha formulato questa supplica: «Preghiamo dunque per il sorgere di nuove opportunità di dialogo, di incontro e di superamento delle differenze, per una continua generosità nel fornire assistenza umanitaria a quanti sono nel bisogno, e per un riconoscimento sempre più ampio della realtà che tutti i coreani sono fratelli e sorelle, membri di un'unica famiglia e di un unico popolo»[13]. Tutti i coreani, sia del Sud sia del Nord, sperano che questo auspicio del Papa si realizzi in un futuro prossimo.

---

13. FRANCESCO, *Omelia nella Messa per la pace e la riconciliazione*, nella cattedrale di Myeong-dong a Seul, 18 agosto 2014, in w2.vatican.va/content/francesco/it/homilies/2014/documents/papa-francesco_20140818_corea-omelia-pace-riconciliazione.html/. Cfr anche A. SPADARO, «Il viaggio di papa Francesco in Corea. Custodia, empatia, consolazione», in *Civ. Catt.* 2014 III 403-418.

COREA DEL NORD E CRISI DEL NUCLEARE

Giovanni Sale S.I.

È da mesi ormai che l'opinione pubblica mondiale vive nella paura di una possibile guerra nucleare: paura amplificata a volte in modo irresponsabile sia dai media, sia dalle continue minacce di guerra o dai reciproci insulti lanciati dai due protagonisti della vicenda, e cioè il presidente degli Stati Uniti, Donald Trump, e il leader supremo della Corea del Nord, Kim Jong-un. Non ci sono precedenti nella storia recente per scambi, o meglio, per insulti *ad personam* di questo genere. Negli anni della Guerra fredda, anche nei momenti più critici, lo scontro politico tra le due superpotenze (Usa e Urss) era mediato dalla correttezza della forma diplomatica (il resto, compresi gli attacchi personali, veniva lasciato ai giornali di partito e alle varie agenzie di stampa). In questo modo sono state evitate molte occasioni di conflitti, anche nucleari, come nella celebre crisi dei missili di Cuba nel 1962, dove fu chiesta persino, al fine di assicurare la pace, la mediazione di papa Giovanni XXIII.

La grande paura è che, dalla cosiddetta «guerra delle parole», poco alla volta si passi alla guerra nucleare. Ambedue i contendenti negli ultimi tempi hanno fatto mostra della loro forza: da un lato, la Corea del Nord ha aumentato il numero dei lanci missilistici e dei test nucleari, sempre più potenti; dall'altro, gli Stati Uniti hanno inviato nel Pacifico diverse unità aeronavali. Ciò ha fatto aumentare ulteriormente la tensione. Il grosso rischio, a questo punto, è che un conflitto nucleare potrebbe essere innescato sia da un'errata valutazione dei fatti, sia da un incidente dovuto a un errore umano.

32

Il difficile lavoro della diplomazia parallela

Mentre Donald Trump e Kim Jong-un si scambiano concrete minacce di guerra atomica, diplomatici statunitensi e nordcoreani, prudentemente e con molti distinguo, secondo la rivista statunitense *The Atlantic*[1], continuano a incontrarsi nella sede Onu di New York. La speranza è quella di porre le basi per un futuro negoziato formale tra le due potenze al fine di arrivare a un'intesa sulle questioni controverse e arrestare la pericolosa *escalation* che potrebbe innescare una rovinosa guerra nucleare. Questione che ormai da mesi, come si è detto, tiene con il fiato sospeso la comunità internazionale.

Si tratta del cosiddetto «canale newyorkese», che ha iniziato a funzionare con una certa regolarità a partire dagli inizi degli anni Novanta. Va ricordato che tra Stati Uniti e Corea del Nord, dopo la guerra di Corea (1950-1953), e con la conseguente divisione della penisola in due parti secondo la logica geopolitica della Guerra fredda (quella a Nord, con capitale Pyongyang, sottoposta all'influenza sovietica, e quella a Sud, con capitale Seul, sotto quella statunitense), le relazioni diplomatiche sono state interrotte[2]. Da quel momento, Washington (come fece anche con Cuba) cercò in tutti i modi di isolare la Corea del Nord.

Questa strategia iniziò a cambiare sotto l'amministrazione Reagan, preoccupata per l'avvio del programma nucleare da parte di Pyongyang. Fu in quel momento che la cosiddetta «diplomazia parallela» dei due Paesi iniziò il suo lavoro. Le due delegazioni prima si incontrarono a Pechino; poi, quando il programma nucleare nordcoreano iniziò a intensificarsi – cioè agli inizi degli anni Novanta –, fu scelta come luogo per gli incontri, che cominciarono a farsi più

---

1. Cfr J. S. WIT, «Back Channel to North Korea», in *The Atlantic* (www. theatlantic.com/international/archives/2017/08/back-channel-to-north-korea/536721), 13 agosto 2017.

2. Secondo mons. Hyginus Kim Hee-joong, presidente della Conferenza episcopale coreana, il suo Paese è stato forzato dall'esterno a incarnare le tensioni della Guerra fredda tra la Russia e gli Usa. «La lotta tra queste superpotenze per i loro interessi nazionali – ha dichiarato l'arcivescovo – è stata la causa principale del fatto che il nostro territorio si trova ancora oggi così intrappolato nelle tensioni geopolitiche del secondo Novecento» (A. SPADARO, «Presente e futuro della Corea. Intervista a mons. Hyginus Kim Hee-joong», in *Civ. Catt.* 2017 IV 170).

frequenti, la sede dell'Onu a New York, in modo da assicurarne la neutralità e garantirne la copertura internazionale. Nel 1994 si riuscì anche a produrre un documento condiviso, una sorta di accordo-quadro, che prevedeva concessioni da entrambe le parti: in particolare, Pyongyang si impegnava a congelare il progetto sul nucleare e Washington a recedere da ogni progetto bellicoso nei suoi confronti e a garantire aiuti economici. Nel 2000 il presidente Bill Clinton aveva addirittura previsto una visita in Corea del Nord, che poi non andò a buon fine soltanto perché il suo mandato era ormai al termine.

Se negli anni Novanta il rapporto tra i due Paesi sembrava entrato in una fase di distensione, dopo il Duemila registrò momenti di tensione e di crisi, in particolare negli ultimi tempi dell'amministrazione Obama. Questa, infatti, per avviare negoziati ufficiali con il governo nordcoreano poneva come condizione che Pyongyang abbandonasse il suo ambizioso programma nucleare, mentre la Corea del Nord chiedeva che proprio la denuclearizzazione fosse un argomento da discutere in tali incontri. Nel luglio 2016, quando le sanzioni statunitensi nei confronti della Corea del Nord presero di mira anche la persona del presidente Kim, i rapporti tra i due Paesi toccarono il punto più basso, e il cosiddetto «canale newyorkese», che in passato aveva ottenuto buoni risultati, fu immediatamente sospeso, nella speranza di riaprirlo con l'avvento di una nuova amministrazione.

Nuovi incontri – secondo Joel Wit, politologo di *The Atlantic* – si sono poi avuti nell'agosto 2017, anche se in una situazione politica ulteriormente deteriorata, sia a motivo dei frequenti esperimenti missilistici e atomici condotti dal regime nordcoreano, sia anche per l'acuirsi degli scontri verbali tra i due Presidenti.

Va detto innanzitutto che le posizioni sostenute dalle due delegazioni erano già in partenza molto distanti, quasi inconciliabili. I nordcoreani sostenevano che, come condizione per avviare i negoziati formali, avrebbero potuto accettare di sospendere temporaneamente i lanci missilistici e i test nucleari, ma soltanto a condizione che gli Stati Uniti si fossero impegnati ad annullare le esercitazioni militari congiunte con la Corea del Sud, finalizzate a minacciare il presidente Kim e i dirigenti nordcoreani. Gli Stati Uniti, da parte loro, rifiutavano (seguendo in questo l'indirizzo politico di Barack Obama) di sedersi a un tavolo negoziale finché Pyongyang si fosse ostinata a condurre test nucleari e a tenere un atteggiamento bellicoso nei confronti degli Usa e dei suoi alleati.

Se l'amministrazione statunitense già nel 2014, al tempo di Obama, – commenta Joel Wit – avesse esaminato con maggiore attenzione la proposta del regime nordcoreano, avrebbe capito che «Pyongyang non chiedeva di cancellare tutte le esercitazioni militari, ma solo quelle destinate a mostrare che statunitensi e sudcoreani erano in grado di eliminare Kim Jong-un e di usare armi nucleari contro il regime».

Di fatto, se Pyongyang già nel 2015 avesse interrotto i lanci missilistici e i test nucleari, «oggi Washington non avrebbe dovuto fronteggiare la minaccia di missili balistici intercontinentali nordcoreani»[3], capaci, a quanto pare, di raggiungere il territorio statunitense. Sta di fatto che ora per le due diplomazie risulta difficile, sebbene non impossibile, ripartire come se nulla nel frattempo fosse accaduto, anche se entrambe le parti hanno buoni motivi per uscire dalla crisi salvando la faccia davanti alla comunità internazionale e all'opinione pubblica.

Secondo Alex Wellerstein, specialista di strategia militare, nessun sistema difensivo antimissili sarebbe perfetto. Per cui, se soltanto una testata nucleare dovesse ad esempio colpire Seul o una città della California, ciò provocherebbe la morte di circa 400.000 persone[4]. Considerazioni di questo tipo fanno sì che i maggiori responsabili dell'amministrazione, per il momento, non prendano in considerazione l'opzione militare per far fronte alla crisi coreana.

Il Segretario di Stato statunitense, Rex Tillerson, durante la sua visita a Pechino, il 30 settembre scorso, ha dichiarato alla stampa che gli Usa stanno sperimentando «canali di comunicazione multipli e diretti con Pyongyang». Subito dopo il presidente Trump, in un *tweet* nel quale elogiava le buone intenzioni del suo collaboratore, ha scritto che in fondo egli stava soltanto perdendo il suo tempo. Due settimane dopo il Presidente, smentendo quanto affermato prima, faceva sapere di non essere contrario alla via negoziale[5].

3. J. S. Wit, «Una via pacifica per superare la crisi», in *Internazionale*, 18 agosto 2017.

4. Cfr G. Sarcina, «B-52 nucleari pronti a decollare. Contro Kim?», in *Corriere della Sera*, 24 ottobre 2017.

5. Cfr F. Venturini, «Quanto manca all'ora X», in *Corriere della Sera*, 29 ottobre 2017.

Per bloccare l'*escalation* verso la guerra alcuni sostengono che a questo punto sia necessaria, oltre alla mediazione della diplomazia parallela, anche una conferenza regionale alla quale partecipino, assieme agli Stati coinvolti nella crisi, anche la Cina, il Giappone e la Russia. Alla conferenza dovrebbe partecipare anche l'Europa, la quale «potrebbe facilitare i canali di cui parla Tillerson»[6]. Ma ciò dovrà essere fatto in tempi brevi, prima che la situazione precipiti.

Intanto il 5 novembre Trump ha iniziato il suo lungo viaggio di 12 giorni, che lo ha portato in 5 importanti Paesi del Pacifico (Giappone, Corea del Sud, Cina, Vietnam, Filippine). Il Presidente ha cercato di assicurare i suoi alleati che Washington è in grado in ogni momento di eliminare la minaccia nordcoreana e di garantire la loro sicurezza. In Corea del Sud ha usato toni distensivi, pur definendo lo Stato nordcoreano «l'inferno che nessuno meriterebbe». Arringando i militari statunitensi, ha detto, in tono ottimistico: «Alla fine tutto si risolverà, vedrete».

Parlando poi a Seul – quasi consacrando la cosiddetta «dottrina Tillerson» –, ha affermato che raggiungere un accordo sarebbe la cosa più utile per le due Coree, e ha sottolineato di vedere già qualche segnale in tale direzione. Parole un poco enigmatiche, ma interessanti.

L'incontro più importante è stato quello con il presidente cinese, Xi Jiping. Come previsto, Trump ha chiesto al suo collega di usare la sua influenza sulla Corea del Nord per «costringere» Kim a bloccare il suo programma nucleare. Xi ha dichiarato di voler collaborare per la distensione (cioè con nuove sanzioni e la denuclearizzazione), ma non ha promesso nulla di concreto[7].

Qualche studioso ha giustamente definito l'attuale situazione come una «crisi dei missili cubani al rallentatore». A questo riguardo, va ricordato che tale crisi fu risolta non con le minacce atomiche e con le intemperanze verbali, ma con una paziente e discreta attività diplomatica, che permise a entrambe le parti di salvare la faccia facendo piccole concessioni.

Per comprendere la crisi nordcoreana è necessario sgomberare la mente da alcuni pregiudizi e da alcuni «miti», messi in circolazio-

---

6. Ivi.

7. Il viaggio asiatico di Trump ha però prodotto discreti risultati sul piano economico: Pechino e Washington hanno sottoscritto accordi per nove miliardi di dollari, mentre i finanziatori cinesi hanno promesso di spenderne altri 250, che andranno «spalmati» in dieci anni su commesse tutte ancora da precisare.

ne per motivi di strategia politica che hanno presentato all'opinione pubblica mondiale il regime di Pyongyang come crudele, corrotto e inefficiente, e i suoi capi, in particolare i membri della dinastia Kim, come pazzi e inaffidabili.

Un Paese comunista?

La leggenda più diffusa a livello mediatico riguarda, in particolare, la sanità mentale di Kim Jong-un, considerato affetto da gravi turbe psichiche, tali da porre in serio pericolo la sicurezza internazionale. Va detto che la Repubblica Democratica Popolare della Corea è soltanto in apparenza uno Stato comunista: l'ideologia marxista-leninista adottata all'inizio dal fondatore della Repubblica e padre dello Stato, Kim Il-sung, «era una superficiale verniciatura di una geopolitica anticoloniale»[8], finalizzata, al tempo della Guerra fredda, a ottenere da Mosca protezione politica e ingenti risorse economiche. In questo modo il regime nordcoreano si tutelava contro la cosiddetta «minaccia imperialista», rappresentata dagli Stati Uniti, alleati della Corea del Sud, interessati a un *regime change* nella penisola a vantaggio di Seul, e a creare un unico Stato democratico e filo-occidentale, amico di Washington.

Alcuni studiosi infatti considerano il regime nordcoreano non un regime comunista nel senso comune del termine, bensì semplicemente fascista e quindi autoritario, militarista e razzista, ossessionato dalla necessità di sfidare i nemici esterni[9]. In questo Paese, inoltre, il potere viene trasmesso a livello familiare, come fosse una monarchia ereditaria: di fatto, finora la carica di Capo dello Stato è passata di padre in figlio (Kim Il-sung, fondatore della «dinastia», Kim Jong-il e, in ultimo, Kim Jong-un), anche se questo, a quanto pare, ha dato vita a lotte intestine nel clan dei Kim. Ciò spiega l'uccisione, nel 2013, dello zio dell'attuale leader, accusato di alto tradimento e, di recente, l'uccisione del suo fratellastro (la cui strana esecuzione è avvenuta in un aeroporto della Malaysia con un forte veleno), considerato filo-cinese e quindi inaffidabile.

8. LIMES, «Venti di guerra in Corea», settembre 2017, 12.
9. Cfr ivi.

Secondo la dottrina politica nordcoreana, il «corpo della nazione» è visto come un'entità unitaria, gerarchicamente ordinata, al cui vertice sta il «padre della patria», benevolo e provvidente verso tutti. Egli è considerato una sorta di semidio, a cui è tributato una specie di culto pubblico, a cui i coreani vengono educati fin da bambini. In particolare, questo culto è dovuto al fondatore dello Stato, Kim Il–sung, i cui giganteschi ritratti campeggiano ovunque[10].

Già dall'inizio, cioè dal 2011, il potere di Kim Jong-un si è andato sempre più rafforzando con lo sviluppo del programma nucleare e missilistico, già iniziato dal suo predecessore. Negli ultimi anni sono stati effettuati quattro test nucleari, sempre di maggiore entità e potenza (fino a testare, a quanto pare, una potente bomba H), e 85 lanci missilistici, mentre durante il governo di Kim Jong-il si erano fatti due test nucleari e soltanto 15 lanci balistici, effettuati, più che a scopi bellici, per ottenere finanziamenti dalla comunità internazionale in cambio di periodici controlli del programma nucleare.

Nel 2012 Kim, a solo un anno dalla sua nomina, ha modificato la Costituzione, definendo la Corea del Nord «Stato nucleare». Nello stesso anno, il «comando strategico missilistico» è stato trasformato in un organismo autonomo posto allo stesso livello degli altri organismi militari. Nel 2013, inoltre, il «leader massimo» ha annunciato la cosiddetta «politica del *Pyongjin noson*», che enfatizza lo sviluppo parallelo dell'economia nazionale e del programma nucleare, il quale – secondo le parole di Kim – ha lo scopo di «scoraggiare e respingere l'aggressione e l'attacco del nemico contro la Repubblica Democratica Popolare di Corea»[11].

Va anche ricordato che fino a questo momento l'asse centrale della politica militare nordcoreana è costituito dall'esercito, in particolare dalla fanteria, i cui armamenti leggeri e pesanti sono stati forniti dall'Unione Sovietica. Quello nordcoreano è ancora uno degli eserciti più numerosi del mondo: conta circa un milione di soldati in servizio attivo, anche se le armi utilizzate non sono moderne. Ora, avendo il

10. Inoltre, la struttura sociale risente dell'antica tradizione castale del Paese. Questa distingue i cittadini-sudditi (25 milioni) in diversi gruppi, che vengono più o meno favoriti dal regime, sulla base della loro presunta lealtà al capo e all'*élite* al potere. Cfr ivi, 14.

11. A. Fiori, «Kim Jong-un gioca bene le sue carte», in *Limes*, settembre 2017, 59.

regime preferito investire più sul nucleare che sull'esercito di terra, Kim si trova nella posizione «di dover fornire risultati eclatanti per non rischiare di scontentare i militari, che potrebbero minacciare il potere».

D'altro canto, la cosiddetta «scelta nucleare» per il regime di Pyongyang è stata in qualche modo obbligata, per contrastare la presunta «minaccia imperialista». Il costo per creare un piccolo arsenale atomico, relativamente minore rispetto alle spese nel settore della difesa, «mostra chiaramente che il deterrente nucleare ha un costo-beneficio più alto di un'eventuale corsa per colmare il gap convenzionale con le altre nazioni»[12]. L'esibita bellicosità di Kim può essere letta all'interno di questo terribile piano che, sebbene sia sconsiderato e irresponsabile, è certamente efficace, nella logica della deterrenza.

Dopo la grave carestia degli anni Novanta, che ha prodotto più di mezzo milione di morti, il regime ha abbandonato l'economia collettivista e statalista sul modello sovietico e adottato una sorta di capitalismo informale, che con il tempo ha migliorato le condizioni di vita di alcuni settori della popolazione, dando origine a una media borghesia cittadina. Al miglioramento delle condizioni di vita hanno contribuito, sotto il governo di Kim Jong-il, i finanziamenti della comunità internazionale, in cambio della già citata limitazione del programma nucleare. Negli anni più recenti, con la scelta di incrementare il nucleare, queste entrate sono cessate, e l'economia si regge sullo sviluppo delle imprese private, nonché su una fiorente «economia illegale», che gode della protezione degli apparati statali, imperniata sul contrabbando di ogni genere di merci. Nonostante le ripetute sanzioni economiche imposte dall'Onu contro il regime, nel 2016 il Pil nordcoreano pare sia salito del 3,9%, superando addirittura di un punto percentuale quello sudcoreano (2,8%)[13].

Sebbene la carestia sia finita, le condizioni di vita per una buona parte della popolazione sono molto dure: circa 18 milioni di nordoreani non hanno ancora la corrente elettrica, e neppure godono dei più elementari servizi igienici (come acqua e fognature); la

12. Ivi, 61.
13. Cfr G. OLIMPIO - G. SANTEVECCHI, «Corea del Nord Srl: Kim è un pazzo o un manager dinamico?», in *Corriere.it*, 4 settembre 2017.

malnutrizione, inoltre, fa ancora sì che un bambino su quattro sia rachitico[14]. Quanti scommettevano sul crollo del regime di Kim sotto la pressione della crisi economica sono stati almeno finora smentiti dai fatti.

La presunta follia della dinastia dei Kim

Circa poi la leggenda sulla presunta pazzia di Kim Jong-un e sull'irrazionalità delle scelte compiute dalla classe dirigente nordcoreana – *in primis* quella del riarmo nucleare –, si tratta di una questione tutta da verificare. Di recente, alcuni politologi statunitensi hanno dichiarato che la semplice denigrazione e demonizzazione dell'avversario in realtà non paga, e che anzi rischia di nascondere la realtà perfino alle persone che sono chiamate a prendere le decisioni politiche più importanti. Rifiutare di comprendere le ragioni del nemico – è stato detto – significa non essere capaci di creare una vera strategia di difesa.

Per comprendere le ragioni delle scelte del regime di Pyongyang in materia nucleare bisogna partire dalla constatazione che esse, dal suo punto di vista, sono delle opzioni pienamente razionali, miranti, sul piano sia interno sia esterno, a produrre effetti politico-strategici importanti (o irrinunciabili) per il Paese. Nel febbraio 2017 un rapporto sul regime nordcoreano redatto dal *Wilson Center*, agenzia governativa degli Stati Uniti, annotava a questo proposito: «Il pensiero strategico americano sulla Corea del Nord è stato per lungo tempo confuso da miti improduttivamente vaghi circa la sua irrazionalità, imprevedibilità e aggressività. [...] Ciò limita la nostra capacità di trattare efficacemente la Corea del Nord e rispondere alle minacce»[15]. A quanto pare, però, il presidente Trump non sembra essere d'accordo con l'analisi svolta dall'agenzia governativa; evidentemente egli preferisce acquisire informazioni da altre fonti.

Se la scelta del regime nordcoreano di procedere con il nucleare è un'opzione pienamente razionale, dobbiamo comprendere quali siano concretamente le ragioni politico-strategiche che la motivano.

14. Cfr N. Kristof, «Nel regno di Kim», in *la Repubblica*, 7 ottobre 2017.
15. Limes, «Venti di guerra in Corea», cit., 10.

Secondo alcuni analisti, la motivazione principale consisterebbe nel rafforzare e preservare la Corea del Nord come entità statuale autonoma e indipendente, e cioè impedire che essa, attraverso le armi americane, venga inglobata nella più ricca e potente Corea del Sud. Il che significherebbe la fine (probabilmente cruenta) della dinastia dei Kim e, per i dirigenti statali, la perdita dei privilegi di cui godono. Ciò vuol dire che la Corea del Nord porta avanti con decisione il suo programma nucleare in funzione aggressiva nei confronti degli Usa e dei suoi alleati fondamentalmente per garantire la conservazione dello *status quo*.

Ora, se questo è stato in un modo o nell'altro preservato per oltre settant'anni, ciò significa che, nonostante la propaganda, anche le potenze di quell'area hanno interesse a mantenere questa situazione. Per la Cina, una Corea del Nord armata è un modo persuasivo per tenere a bada i suoi rivali regionali (Giappone e Corea del Sud) e gli Stati Uniti. Per questi ultimi, inoltre, il nucleare nordcoreano è l'elemento cruciale che cementa il loro sistema di alleanze su una regione per essi molto importante sia sotto il profilo strategico-militare, sia sotto quello economico-commerciale[16].

Per la maggior parte degli analisti politici, la strategia nucleare nordcoreana avrebbe come finalità principale quella di costringere gli Stati Uniti a negoziare un accordo che sancisca lo *status* della Corea del Nord come potenza regionale. Di questo avviso è anche mons. Hyginus Kim Hee-joong, presidente della Conferenza episcopale coreana, il quale, in un'intervista rilasciata alla nostra rivista, ha dichiarato che «i lanci dimostrativi di missili costituiscono un messaggio forte, quello di essere disposti a dialogare con gli Stati Uniti, ma solo su un piano di parità. Alcuni chiedono come condizione per entrare in dialogo con la Corea del Nord che essa previamente rinunci agli esperimenti nucleari»[17], ma ciò, secondo il presule, deve costituire esattamente lo scopo del negoziato, e non la condizione previa di esso.

Questa tesi è stata recentemente confortata anche dalle dichiarazioni espresse dal ministro degli esteri nordoreano Ri Yong-ho

---

16. Cfr J. Heer, «Guerra di parole», in *Internazionale*, 18 agosto 2017, 18.

17. A. Spadaro, «Presente e futuro della Corea. Intervista a mons. Hyginus Kim Hee-joong», cit., 176.

davanti all'Assemblea generale dell'Onu, il 23 settembre: «Il nostro scopo ultimo – ha dichiarato il ministro – è l'equilibrio della potenza [della Corea del Nord] con gli Stati Uniti». Questo accordo, infatti, per il regime di Pyongyang sarebbe di vitale importanza non tanto per difendersi dagli attacchi statunitensi, quanto per garantirsi l'autonomia politica ed economica dalla Cina. A questa il regime è legato da un Trattato di amicizia del 1961, secondo il quale ciascuno dei due partner è obbligato ad andare in soccorso di quello aggredito. L'incubo di Kim è di diventare un semplice vassallo di Xi Jinping, riconfermato alla guida del partito e dello Stato dall'ultimo Congresso del partito comunista cinese. Tanto più che un forte influsso cinese in Corea del Nord, con il passare del tempo, metterebbe in crisi il sistema politico ed economico vigente, in quanto spingerebbe i settori della popolazione meno avvantaggiati dal regime a chiedere riforme, e ciò potrebbe dare avvio a disordini di ogni genere.

Secondo questi analisti, l'obiettivo perseguito da Kim sarebbe chiaro e pienamente razionale: «accordarsi con gli Stati Uniti per non finire sotto la Cina, nella convinzione che Washington e Pyongyang condividano l'urgenza di impedire a Pechino di strutturare una propria sfera d'influenza asiatica, terrestre, marittima, premessa dell'egemonia mondiale». Per cui c'è una certa logica nella presunta follia del leader nordcoreano, «a meno che il continuo rilancio, insieme retorico e atomico, non gli sfugga di mano, inducendolo a sparare un primo colpo che ne segnerebbe il suicidio. O che Trump perda la pazienza e attivi l'opzione militare»[18].

La scelta nucleare di Kim

Il programma nucleare potenziato negli ultimi anni dal regime di Pyongyang ha finalità sia interne sia esterne ed è indirizzato a garantire la sopravvivenza di un regime autoritario e violento che, sul piano internazionale, appare in qualche modo anacronistico e retrogrado.

Dal punto di vista «interno», Kim Jong-un utilizza l'atomica per motivi di propaganda, cioè per mostrare ai suoi sudditi di essere sal-

18. LIMES, «Venti di guerra in Corea», cit., 19.

damente alla guida dello Stato, e che questo è costantemente minacciato dai suoi nemici storici. Ciò giustificherebbe le tante privazioni a cui la popolazione, indottrinata dai media interamente controllati dal regime, si sottopone con grande pazienza. Anzi, secondo alcuni *reportages* condotti da giornalisti occidentali, i nordcoreani pensano che, in caso di guerra con gli Usa, il loro Paese, grazie all'atomica, avrebbe la meglio: «Vinceremo – dicono all'unisono gli intervistati – senza alcun dubbio»[19].

Nei rapporti con l'esterno, invece, l'arsenale atomico costituisce un imprescindibile elemento di dissuasione, e non soltanto nei confronti degli Stati Uniti. L'abbandono del suddetto programma «lo delegittimerebbe enormemente, trasformandolo – scrive Antonio Fiori – in una guida debole e incline a dare ascolto alle minacce delle grandi potenze. I precedenti di Saddam Hussein e di Mu'ammar Gheddafi, peraltro, corroborano il convincimento nordcoreano che l'arsenale nucleare non rappresenti soltanto l'unica leva negoziale per ottenere un equilibrio geopolitico della penisola a condizioni più vantaggiose per Pyongyang, ma anche una polizza per sventare una "decapitazione" dello stesso Kim Jong-un»[20].

Non bisogna dimenticare che la Corea del Nord è collocata nel cuore di una vasta area dove gli Stati nucleari sono numerosi (Israele, Russia, India, Pakistan, Cina e, naturalmente, gli Stati Uniti), per cui non sembra facile persuadere il leader massimo nordcoreano ad abdicare al suo ambizioso programma. In sede negoziale, egli potrebbe invece, in cambio di un accordo con Washington, permettere la verificabilità e, probabilmente, anche la limitazione del proprio arsenale nucleare.

I capi militari statunitensi – nonostante la gara di insulti lanciata ormai da tempo su *twitter* tra «l'uomo più potente del mondo e un piccolo despota asiatico»[21] e il dispiegamento sempre più

19. N. KRISTOF, «Nel regno di Kim», cit. Molti nordcoreani, inoltre, secondo mons. Hyginus Kim Hee-joong, pensano che tutte le superpotenze coinvolte nella crisi sfruttino la drammatica situazione «per i loro interessi nazionali» sia geostrategici, sia economici. Il che non semplifica certo la situazione. Cfr A. SPADARO, «Presente e futuro della Corea...», cit., 176.

20. A. FIORI, «Kim Jong-un gioca bene le sue carte», cit., 61.

21. V. ZUCCONI, «La gara di insulti tra Kim e Trump, bulli che fanno tremare il mondo», in *la Repubblica*, 23 settembre 2017.

massiccio di forze aeronavali americane sul Pacifico – sono del parere che in questo momento, per il bene di tutti, sia necessario tenere i nervi ben saldi e non commettere errori di alcun tipo per non provocare l'avversario. Essi ritengono che da parte americana non sia prevista nessuna opzione militare contro la Corea del Nord.

Il direttore della Cia, Mike Pompeo, pur facendo notare la pericolosità del regime di Pyongyang, che a suo avviso «sta per ottenere un missile balistico intercontinentale (del tipo ICBM) armato con testata nucleare, capace di colpire il territorio statunitense», ha dichiarato che «Trump, benché personalmente lo smentisca continuamente su Twitter, preferisce ancora tenere aperta la porta alla diplomazia; l'intervento militare è soltanto una tra le opzioni»[22]. In ogni caso, sia Pompeo sia il segretario della Difesa, James Mattis, concordano nell'affermare che gli Stati Uniti sono in grado in ogni momento di far fronte («con una risposta massiccia, efficace e travolgente») a un eventuale attacco nucleare nordcoreano[23].

Non tutti gli specialisti della materia militare sono però dello stesso avviso. Alcuni considerano già scaduto il tempo dell'azione diplomatica, la quale non soltanto è stata inefficace, ma ha concesso al regime di Pyongyang tempo prezioso per compiere nuovi lanci missilistici e nuovi e sempre più minacciosi test nucleari. Secondo l'analista di geopolitica Jacob Shapiro, gli Stati Uniti non possono in alcun modo tollerare «uno sviluppo che esporrebbe la costa occidentale del suo territorio a possibili attacchi nucleari e che sconvolgerebbe le dinamiche del quadrante asiatico-pacifico. Per questo l'opzione militare – ovvero bombardamenti americani contro siti nucleari e missilistici nordcoreani – si è fatta da tempo concreta»[24].

---

22. «Corea del Nord, il direttore della Cia: "Kim Jong-un a un passo dal colpire gli Usa". È panico nucleare», in *Libero* (www.liberoquotidiano.it/news/esteri/13266441/corea-del-nord-direttore-cia-mike-pompeo-a-un-passo-dal-colpire-Stati-Uniti. html), 20 ottobre 2017.

23. Mattis ha recentemente affermato: «Noi non vogliamo la guerra, ma la denuclearizzazione della penisola. Ogni arma nucleare troverà risposta militare» (F. VENTURINI, «Quanto manca all'ora X», cit.).

24. Cfr J. L. SHAPIRO, «L'America deve attaccare adesso o mai più», in *Limes*, settembre 2019, 65.

Un tale intervento, da un lato distruggerebbe buona parte dell'arsenale esistente, provocando danni incalcolabili al nemico e, dall'altro, servirebbe come monito nei confronti di quei piccoli dittatori che condividono le stesse ambizioni di Kim Jong-un[25]. Insomma, lo studioso (che, a quanto pare, è molto apprezzato da Trump) propone come soluzione del problema nordcoreano la cosiddetta «guerra preventiva», già sperimentata dagli Stati Uniti in Iraq contro Saddam Hussein, con i risultati che già conosciamo.

Il ruolo della Cina nella crisi in atto

Da parte statunitense ci si aspetta che sia la Cina, alleata storica della Corea del Nord, a risolvere la crisi in atto e, in un modo o nell'altro, a costringere Kim a interrompere gli esperimenti nucleari. Trump, a questo proposito, durante una conferenza stampa ha dichiarato che «spetta alla Cina risolvere il problema della Corea del Nord». Questo però non è il punto di vista dell'«Impero del Centro», il quale sulla delicata questione continua a tenere un atteggiamento prudente e a volte piuttosto ambiguo. Di fatto, Pechino non si è mai spinta oltre un'apparente cooperazione con Washington per frenare la bellicosità di Kim Jong-un; in sede Onu, ha votato tutte le sanzioni economiche contro Pyongyang proposte dagli Usa, ma allo stesso tempo non ha permesso che nel pacchetto delle sanzioni fosse incluso l'embargo totale sul greggio, permettendo così al «regime-ribelle» di sopravvivere.

Allo stato dei fatti, la Cina si sta impegnando (e probabilmente in futuro lo farà anche con più decisione) a spingere i due contendenti a riprendere il negoziato, sperando di avviare la *de-escalation* con il cosiddetto «doppio congelamento»: gli Stati Uniti e la Corea del Sud sospenderanno le manovre militari in questo Paese, e il regime di Pyongyang bloccherà, almeno per il momento, gli esperimenti missilistici e nucleari sul Pacifico. Intanto il *Global Times,* giornale filo-governativo cinese, ha fatto sapere che, «se la Corea del Nord lancerà per prima missili che minacciano il territorio degli Stati Uniti e questi reagiranno per rappresaglia, la

25. Cfr ivi, 69.

Cina rimarrà neutrale»[26], nonostante il già menzionato «Trattato di amicizia» del 1961.

Washington e i suoi alleati hanno interpretato questo intervento come un avvertimento lanciato da Pechino a Pyongyang. In realtà, nulla prova che questa sia la posizione ufficiale della Cina nel caso dovesse scoppiare un conflitto. La Cina sa bene che mantenere un'ambiguità strategica su tale questione spingerà gli Stati Uniti a non attivare alcun attacco preventivo nei confronti del nemico e a privilegiare così la via dei negoziati. Va ricordato che, durante la guerra di Corea del 1953, gli Stati Uniti non si aspettavano che la Cina intervenisse nel conflitto a sostegno della Corea del Nord, come invece alla fine avvenne, e il risultato fu la divisione della penisola coreana in due Stati rivali[27].

Insomma, per Pechino la Corea del Nord non è un nemico da annientare o neutralizzare, ma soltanto un problema da gestire; anzi, sotto il profilo strategico, essa rappresenta una sorta di Stato-cuscinetto tra la zona di influenza cinese e quella statunitense. La Cina sa bene che, in una penisola coreana riunificata, i soldati statunitensi (oggi in numero di 30.000) controllerebbero la frontiera nord-est dell'«Impero del Centro»: il che per Pechino sarebbe intollerabile. Se il regime dei Kim crollasse per implosione o venisse annientato dalle armate statunitensi, la Cina certamente pretenderebbe il ritiro delle truppe americane dalla penisola e il loro stanziamento a sud del 38° parallelo. Inoltre, chiederebbe anche l'immediato smantellamento del sistema di difesa antimissile Thaad, recentemente installato in Corea del Sud dagli americani.

Un eventuale crollo del regime nordcoreano provocherebbe a catena altri problemi di difficile soluzione: le due «grandi potenze globali» si troverebbero a confrontarsi sul Pacifico quasi faccia a faccia. Ciò spiega perché la Cina preferisce all'opzione militare (preventiva o meno) quella diplomatico-negoziale, e su questo punto difficilmente cambierà idea[28].

26. Citato in SEONG-HYON LEE, «La scelta moderata di Pechino», in *Internazionale*, 1218, 18 agosto 2017, 21.

27. Cfr ivi.

28. Cfr R. BANZATO, «Pechino non molla l'utile despota», in *Limes*, settembre 2017, 117. Dal punto di vista cinese, inoltre, la crisi in atto tra la Corea del Nord e gli Stati Uniti, in realtà gioca a vantaggio della Cina, poiché mostra il declino della

Per uscire dalla grave situazione che tiene in mondo con il fiato sospeso per la paura di una possibile, seppure limitata, guerra nucleare, è necessario che le due potenze – quella piccola (la Corea del Nord) e quella grande (gli Stati Uniti) – si siedano al tavolo delle trattative, come Pyongyang chiede dagli anni Settanta, in modo da cercare una soluzione diplomatica accettabile per entrambe le parti. Il che non significa premiare le prepotenze di un piccolo dittatore asiatico, ma assolvere al grave compito di mediazione politica (anche in situazioni così difficili come quella attuale) che spetta innanzitutto alla più grande potenza mondiale.

Di recente la Santa Sede ha riunito i vertici delle Nazioni Unite, della Nato e dei rappresentanti degli Stati coinvolti nella «crisi coreana» (nonché 11 premi Nobel per la pace) per discutere il tema urgente del disarmo nucleare, su cui il Pontefice insiste da tempo. In questa occasione si è anche trattato dell'attuale «crisi nordcoreana» e dell'opportunità di scongiurare un conflitto armato tra la Corea del Nord e gli Stati Uniti.

Ricevendo la delegazione, papa Francesco, facendo riferimento alla complessità delle sfide dell'attuale scenario internazionale, ha detto: «Non possiamo poi non provare un senso di inquietudine se consideriamo le catastrofiche conseguenze umanitarie e ambientali che derivano da qualsiasi utilizzo degli ordigni nucleari». La loro stessa esistenza – ha continuato – risponde ad una logica della paura che non riguarda solo le parti in lotta, ma tutto il genere umano. Le relazioni internazionali non possono essere dominate dalla logica del confronto militare o dall'ostentazione degli arsenali atomici. Questi, secondo papa Francesco, «non possono costituire la base della pacifica convivenza fra i membri della famiglia umana, che deve invece ispirarsi a un'etica di solidarietà»[29].

---

leadership statunitense sul mondo e in particolare sull'area del Pacifico, offuscandone la reputazione anche agli occhi dei suoi alleati storici, e cioè la Corea del Sud, il Giappone e le Filippine, i quali si sentono minacciati dalla retorica bellicosa e imprevedibile di Trump. È stato detto, nel nuovo contesto internazionale, che il presidente Trump, anche a motivo delle sue intemperanze, funge da «"utile idiota" che contribuisce ad accelerare il rafforzamento di Pechino nei panni di potenza mondiale affidabile».

29. FRANCESCO, «No alla logica dell'intimidazione», in *Oss. Rom.*, 11 novembre 2017.

DAL NOSTRO ARCHIVIO

IL RITIRO DELLA COREA DEL NORD
DAL TRATTATO DI NON PROLIFERAZIONE
NUCLEARE

Angelo Macchi S.I.

La decisione del Governo della Corea del Nord di non rispettare il trattato di non proliferazione nucleare ha suscitato molto scalpore e preoccupazione sul piano internazionale, perché ha aggravato una situazione già ad alto rischio per l'incombere di un possibile intervento militare occidentale in Iraq. Il presidente statunitense, George Bush, stendendo il suo piano per combattere ed estirpare il terrorismo internazionale dopo la tragedia delle Torri Gemelle di New York, aveva incluso l'Iraq e la Corea del Nord nell'elenco dei Paesi che, a suo parere, compongono l'«asse del male» per la loro complicità col terrorismo, direttamente o indirettamente riconducibile a Bin Laden. Ma, contrariamente a quanto molti si aspettavano, il comportamento dell'amministrazione statunitense nei confronti dei due Paesi nell'attuale congiuntura è radicalmente diverso: dialogo e trattativa con la Corea del Nord, probabile intervento armato in Iraq. In questa cronaca cercheremo di esaminare le ragioni soggiacenti a tale diversità.

Una breve storia

La Corea è una penisola dell'Asia orientale situata tra il Mar Giallo a ovest e il Mare del Giappone a est. Dal 1910 essa fu annessa all'impero nipponico. Al termine della seconda guerra mondiale (1939-45), dalla quale il Giappone uscì sconfitto, la Corea fu occupata dall'Unione Sovietica a Nord del 38° parallelo e dagli Stati Uniti a Sud. La divisione avrebbe dovuto avere carattere provvisorio, ma non fu così. Infatti nel 1948 la parte settentrionale si proclamò Repubblica Democratica Popolare di Corea con capitale

© La Civiltà Cattolica 2003 I 337-344 | 3663 (1° febbraio 2003)

Pyongyang; e la parte meridionale si costituì come Repubblica di Corea con capitale Seoul. Le truppe di occupazione (sovietiche a Nord, statunitensi a Sud) si ritirarono. Ma nel 1950 tra le due Coree scoppiò una guerra, terminata nel 1953, con un armistizio che legittimò la divisione del Paese lungo il 38° parallelo, con un'area smilitarizzata controllata da forze dell'ONU.

La Corea del Sud entrò nell'orbita degli Stati Uniti e analogamente a quanto avvenne per il Giappone, riparati i danni causati dalla guerra, conobbe uno sviluppo economico e sociale eccezionale, sotto la guida di Governi piuttosto autoritari che, col passare degli anni, avviò una lenta evoluzione verso il modello delle democrazie occidentali.

La Corea del Nord entrò, invece, nell'orbita dell'Unione Sovietica e della Cina e instaurò un sistema politico ed economico ispirato al socialismo reale e caratterizzato dal culto della personalità del suo *leader*, Kim Il Sung, e della sua famiglia. Questi, segretario del Partito Comunista, fu eletto capo del Governo nel 1947 (questa carica si trasformò in quella di capo dello Stato nel 1948) e vi rimase fino alla sua morte (1994). Trascorso un triennio dalla sua scomparsa, l'incarico di segretario del partito comunista fu affidato a suo figlio, Kim Jong Il, che è a capo di un regime non democratico. La carica di presidente della Repubblica fu abolita (il defunto Kim Il Sung fu proclamato «presidente eterno»).

La diversità dei sistemi politici ed economici instaurati nelle due Coree ha fatto sì che quella del Sud sia diventata una delle aree più industrializzate e ricche dell'Asia; invece quella del Nord è rimasta povera e arretrata. Nel Sud, il prodotto interno lordo per abitante (gli abitanti sono circa 47 milioni) nel 1999 è stato di 13.300 dollari USA; mentre nel Nord, nello stesso anno, è stato di 1.000 dollari (gli abitanti sono circa 22 milioni).

L'economia della Corea del Nord è ancora in gran parte collettivizzata. Dal 1991, venuto meno l'aiuto dell'URSS, il prodotto interno lordo è costantemente diminuito fin quasi a dimezzarsi. Nella Corea del Sud è, invece, aumentato annualmente di circa il 10%. Il sistema industriale del Nord è strutturalmente obsoleto e ha perduto il 20% della sua capacità produttiva. Da quando, nel 1997, i pieni poteri sono stati assunti dal giovane Kim Jong Il, anche a causa di eventi naturali sfavorevoli, il Paese è stato prostrato da una grave carestia che, secondo le organizzazioni umanitarie internazionali, avrebbe provocato circa due milioni e mezzo di vittime; il Governo sudcoreano parla di 230.000 morti.

Dopo l'armistizio del 1953 le due Coree dimostravano di accettare la separazione come un dato di fatto a cui porre termine con una riunificazione. Ma ciascuna parte rivendicava la piena sovranità su tutto il territorio della penisola. Il mantenimento dello *status quo* era garantito dalle intese tra l'URSS e gli Stati Uniti, che non avrebbero consentito colpi di mano militari per impossessarsi di tutto il territorio. Nel 1972, trascorsi quasi 20 anni dall'armistizio, le due Coree cominciarono a parlarsi direttamente, convenendo sull'opportunità che un'eventuale riunificazione dovesse essere raggiunta con mezzi pacifici. Tuttavia, discordavano sul principio base su cui fondarla: per il Nord, sull'«indipendenza nazionale»; per il Sud, sulla «libertà e la democrazia». Non ci si deve, quindi, meravigliare se le relazioni tra le due Repubbliche coreane, pur essendo proseguite a corrente alternata, sono state caratterizzate da reciproci sospetti, aggravati da vari incidenti, quali, ad esempio, la scoperta di centri di spionaggio a favore della Repubblica del Nord, da incursioni di truppe attraverso la zona smilitarizzata di frontiera e la costruzione di *tunnel* sotterranei per attraversarla segretamente.

Uno dei motivi che hanno influito più negativamente sul processo di riunificazione è derivato dal problema dell'utilizzo dell'energia atomica per scopi civili e militari. L'impegno degli Stati Uniti di garantire la sicurezza della Corea del Sud comportava non solo la presenza di un forte contingente di truppe, ma anche di un certo numero di armi nucleari tattiche. Durante il lungo periodo della guerra fredda ciò che ha impedito un'eventuale guerra atomica tra le due superpotenze (URSS e USA) fu il cosiddetto equilibrio del terrore o la strategia della dissuasione: le due superpotenze erano d'accordo sulla produzione di un certo quantitativo di testate nucleari sufficienti per distruggersi reciprocamente e, quindi, per dissuadere entrambe dal farne uso. L'installazione di testate nucleari statunitensi sul territorio della Corea del Sud era controbilanciata, nella logica dell'equilibrio del terrore, da quelle esistenti sul territorio sovietico a difesa della Corea del Nord. Ma, dopo la caduta del muro di Berlino e la dissoluzione dell'URSS, l'equilibrio atomico tra le due Coree venne meno.

Dal punto di vista dell'armamento convenzionale, la Corea del Nord è uno dei Paesi asiatici più attrezzati. Il rapporto tra le sue forze armate e il totale della popolazione è ritenuto il più alto del mondo. L'esercito dispone di un milione di soldati, l'aviazione di 82.000 piloti e la marina di 46.000 marinai. L'obbligo del servizio militare dura dai cinque agli otto anni nell'esercito, dai 5 ai 10 anni nella marina e dai 3 ai 4 anni nell'aviazione. La «Guardia rossa» è formata da 3 milioni e 800.000 operai e contadini. Secondo i dati ufficiali del 1994, l'11,6% del bilancio statale era destinato alle spese militari. Nel 1985 la Corea del Nord aveva aderito al Trattato di non proliferazione nucleare (TNP). Ma agli inizi del 1990 si diffuse la preoccupante notizia che essa stava intensificando i lavori per la costruzione di un impianto atomico clandestino a Yongbyon, nei pressi della capitale, che sarebbe stato in grado, entro breve tempo, di produrre bombe atomiche, ristabilendo, così, l'equilibrio del terrore. Il TNP imponeva ai Paesi aderenti l'obbligo di consentire ai funzionari dell'Agenzia Internazionale dell'Energia Atomica (AIEA) di ispezionare eventuali impianti capaci di produrre energia nucleare. Alla richiesta dell'AIEA di ispezionare il sito di Yongbyon, il Governo nordcoreano prima si oppose, poi diede il consenso a condizione che i funzionari ispezionassero anche le postazioni nucleari statunitensi nella Corea del Sud oppure che gli Stati Uniti contestualmente le ritirassero.

A ridurre considerevolmente le tensioni e le preoccupazioni diffuse sul piano internazionale per la minaccia della Corea del Nord di uscire dal TNP intervennero due fatti positivi: la decisione degli Stati Uniti di ritirare le proprie armi nucleari tattiche dalla Corea del Sud; e la dichiarazione del Governo sudcoreano di rinunciare alla costruzione, al dispiegamento e all'uso di armi nucleari. Il Governo nordcoreano rinunciò a disdire il TNP e acconsentì alle ispezioni. Questa vicenda, caratterizzata da conflittualità e ricerca del dialogo e del compromesso, può essere considerata emblematica di come si sarebbero sviluppati anche in seguito e fino ai nostri giorni i rapporti tra le due Coree e tra quella del Nord e gli Stati Uniti, l'ONU e l'AIEA.

Nel 1993 sopraggiunse una crisi, dovuta a vari fattori: da un lato le manovre militari congiunte tra Stati Uniti e Corea del Sud; dall'altro, l'impossibilità di attuare le ispezioni internazionali per verificare l'effettiva denuclearizzazione della Penisola. La Corea del Nord annunciò la propria uscita dal TNP, ma, in giugno, dopo colloqui diretti con gli Stati Uniti sospese tale decisione. Nei primi mesi del 1994, gli ispettori dell'AIEA, ai quali era stato impedito di compiere controlli, scoprirono che i sigilli da loro apposti in precedenza erano stati rotti e sospettarono che la Corea del Nord avesse prodotto più plutonio di quanto fosse consentito e, comunque, sufficiente per costruire una bomba atomica. Prevedendo che il Consiglio di Sicurezza dell'ONU avrebbe potuto imporre gravi sanzioni, il Governo nordcoreano dichiarò che se ciò fosse accaduto, la Corea del Nord non solo avrebbe disdetto il TNP, ma avrebbe dichiarato guerra alla Corea del Sud. In questo contesto la morte del *leader* nordcoreano, Kim Il Sung, avvenuta l'8 luglio 1994, impedì che la crisi si aggravasse e che la situazione sfuggisse di mano. Trascorso il periodo di lutto nazionale coreano, gli Stati Uniti e i nuovi governanti nordcoreani ripresero a Ginevra i colloqui avviati in precedenza dall'ex presidente americano, Carter, che consentirono alle due parti di raggiungere un accordo assai importante i cui effetti si sono protratti per alcuni anni. La Corea del Nord accettò di attenersi agli obblighi del TNP, di chiudere i suoi reattori a grafite, che producevano significative quantità di plutonio, e di bloccare la costruzione di altri due reattori facilmente adattabili per produrre armi nucleari. In cambio, gli Stati Uniti si impegnavano a creare un Consorzio internazionale per finanziare la costruzione di due reattori ad acqua leggera per produrre energia elettrica, il cui costo sarebbe stato di 4 miliardi di dollari; fino a quando essi non fossero stati pronti, la Corea del Nord avrebbe ricevuto gratuitamente 500 mila tonnellate di petrolio all'anno per produrre elettricità.

Le ultime vicende

Il conferimento dei pieni poteri a Kim Jung Il, figlio del «presidente eterno», avvenuto nel settembre 1998, non ha rivoluzionato il sistema politico nordcoreano, ma ha piuttosto confermato il metodo dei rapporti internazionali del Governo, caratterizzato dall'alternanza di conflittualità e di ricerca del dialogo. Da questo punto di vista il primo anno di gestione del potere del giovane Kim Jong Il è stato assai turbolento. La Corea del Nord ha lanciato sopra il cielo del Giappone un razzo a due stadi. Il Governo di Tokyo, fondandosi su una precedente ammissione dei nordcoreani di aver fornito missili balistici a Siria, Iraq, e Iran, ritenne che si trattasse di un esperimento missilistico a scopi bellici e reagì duramente. Per calmare le acque il Governo nordcoreano affermò che si era trattato soltanto della messa in orbita di un satellite. D'altra parte, un satellite spia americano aveva fotografato lavori in corso in un sito nucleare sotterraneo nei pressi di Yongbyon. Il Congresso statunitense bloccò la fornitura gratuita di petrolio per la produzione di energia elettrica. Il presidente Clinton vi pose rimedio destinando alla Corea del Nord 11 milioni di dollari tratti da un fondo speciale, volendo in tal modo dimostrare di mantenere fede agli accordi del 1994. Il gesto di Clinton non solo calmò gli animi, ma aprì la strada a nuovi rapporti.

Il 13 giugno 2000 il Presidente della Corea del Sud per la prima volta compì una visita ufficiale in quella del Nord, ricevuto con tutti gli onori da Kim Jong Il. La cortina di ferro entro la quale la Corea del Nord si era rinchiusa sembrava dischiudersi. Cento cittadini nordcoreani poterono ritornare nel Sud per incontrare familiari e parenti che non vedevano da decenni. Reciprocamente fecero cento cittadini del Sud. 63 nordcoreani detenuti nelle carceri del Sud furono liberati. Nella cerimonia di inaugurazione delle Olimpiadi di Sydney (Australia) gli atleti delle due Coree fecero l'ingresso in campo sotto una sola bandiera, anche se poi gareggiarono in due squadre separate. Nell'ottobre 2000 il comandante delle Forze armate nordcoreane, la seconda autorità del Paese dopo Kim Jong Il, compì una visita a Washington, ricambiato poco dopo da una visita a Pyongyang del segretario di Stato, signora M. Albright, che fu ricevuta da Kim Jong Il, con il quale presenziò a un saggio ginnico nello stadio alla presenza di 100.000 spettatori. Successivamente la Corea del Nord ristabilì le relazioni diplomatiche con l'Italia e l'Australia e aprì una Camera di commercio a Hong Kong.

Kim Jong Il compì diverse visite di Stato. Si recò a Shanghai, capitale finanziaria della Cina, contattando molte imprese e discutendo di problemi economici. Trascorse dieci giorni in Russia, esprimendo al presidente Putin una certa preoccupazione per il grande incremento della cooperazione economica della Russia con la Corea del Sud. I due *leader* discussero anche di problemi militari e degli esperimenti missilistici della Corea del Nord. Kim promise a Putin che la Corea del Nord avrebbe sospeso gli esperimenti missilistici almeno fino al 2003. I Paesi occidentali confidavano nella capacità di Putin di persuadere il *leader* nordcoreano a incrementare rapporti diretti con i Governi occidentali.

Negli ambienti diplomatici si era diffusa una vaga sensazione che stessero maturando le condizioni per normalizzare le relazioni sia con il Giappone sia con gli Stati Uniti, che, a loro volta, avrebbero aperta la strada all'avvio di trattative per la riunificazione delle due Coree. Ma, dopo una positiva fase di dialogo, sembrò che ci si dovesse attendere piuttosto un periodo di conflittualità.

Nel gennaio del 2001 alla Casa Bianca si è insediato il *leader* repubblicano George W. Bush, che ha affidato la gestione della politica estera al generale Colin Powell. La nuova amministrazione statunitense ha manifestato l'intenzione di impostare i rapporti con la Corea del Nord su nuove basi, che dovevano essere fissati dopo accurate analisi della situazione complessiva di quella regione asiatica. A imprimere un'accelerazione e un preciso orientamento al Governo di Washington fu l'attacco terroristico contro le Torri Gemelle di New York (11 settembre 2001). Da quel momento la lotta contro il terrorismo sarebbe stata un criterio di scelta delle azioni e delle relazioni statunitensi sul piano internazionale. Pur facendo le debite distinzioni, il Presidente statunitense ha incluso anche la Corea del Nord tra i cosiddetti «Stati canaglia» e i componenti dell'«asse del male», insieme con l'Iraq e l'Iran. Per quanto riguarda la Corea del Nord, l'attenzione di Bush si è concentrata sui comportamenti passati e presenti collegabili in maniera diretta o indiretta con il terrorismo internazionale: esperimenti nucleari mirati non solo a uso civile (produzione di energia elettrica), ma anche militari; produzione e vendita di missili balistici, capaci di trasportare testate atomiche, chimiche e batteriologiche, a Paesi come il

Pakistan, la Siria, l'Iraq e l'Iran; minacce ripetute di uscire dal TNP e dall'AIEA.

Il 3 ottobre 2002, esponenti del Governo nordcoreano, alla presenza di James Kelly (assistente del segretario di Stato statunitense) che aveva sottoposto ai suoi interlocutori documenti comprovanti sospetti di attività nucleari nella Corea del Nord, avevano ammesso l'esistenza di un programma nucleare segreto. Il 22 dicembre 2002 il Governo nordcoreano rese noto di aver rimosso tutti gli strumenti di controllo istallati dall'AIEA sul sito di Yongbyon, dove si sospettava che si producesse plutonio per scopi militari. Non era sottovalutato l'impegno preso da Kim Jong Il con Putin di mantenere sospesi gli sperimenti missilistici soltanto fino al 2003. In questo contesto agli inizi di gennaio 2003 i servizi segreti statunitensi avvertivano la Casa Bianca che la Corea del Nord aveva ripreso il suo programma di armamento nucleare, forse era già in possesso di un paio di bombe atomiche e comunque era in grado di produrne una mezza dozzina in sei mesi.

I recenti comportamenti del Governo nordcoreano, specialmente la rimozione degli strumenti di controllo installati nel sito di Yongbyon, erano stati aspramente condannati dall'agenzia atomica dell'ONU. Ma gli Stati Uniti (analogamente al Giappone e alla Corea del Sud), pur dicendosi preoccupati, hanno reagito con pacatezza dimostrandosi disponibili a riprendere i colloqui con i nordcoreani per trovare una soluzione ragionevole alla crisi.

Il Governo nordcoreano ha invece accentuato la sua conflittualità accusando gli americani di averlo costretto a riprendere i programmi nucleari. A questa provocante ammissione l'amministrazione statunitense ha reagito sospendendo l'invio di una parte del petrolio necessario per la produzione di energia elettrica, volendo in tal modo dimostrare di non sentirsi più vincolata agli accordi del 1994 violati dai nordcoreani con la ripresa di esperimenti nucleari. Il 10 gennaio 2003, ripetendo ancora una volta ciò che aveva fatto in passato, il Governo nordcoreano ha dichiarato di ritirarsi dal TNP e per bocca del suo rappresentante al Palazzo di Vetro ha fatto sapere che qualsiasi sanzione da parte delle Nazioni Unite sarebbe stata considerata una dichiarazione di guerra.

Una parte della grande stampa italiana ha mostrato di dar credito a queste minacce, dando la sensazione che ci si trovasse in presenza di un grave pericolo immediato. Ma i Paesi direttamente interessati (Stati Uniti, Giappone, Russia, Cina e Corea del Sud) non hanno perduto la calma e hanno dimostrato la massima disponibilità per riprendere il dialogo, ponendo come condizione le solite richieste: smantellamento dei programmi nucleari, rispetto del TNP e accettazione dei controlli degli ispettori dell'AIEA.

Tutto ciò accadeva mentre a Santa Fe (New Mexico) una delegazione nordcoreana era a colloquio con Bill Richardson, ex rappresentante statunitense presso le Nazioni Unite e attuale governatore dello Stato. Erano conversazioni informali, e non avevano il carattere di trattative. Ma, come spesso accade, è questo parlarsi a quattr'occhi che aiuta a risolvere le crisi internazionali. In questo caso è sembrato che gli esponenti politici nordcoreani si siano mostrati propensi a far rientrare il loro Paese nella legalità internazionale, chiedendo in cambio non solo aiuti economici per far fronte alla grave carestia che affligge la popolazione, ma soprattutto una garanzia scritta di non aggressione da parte degli Stati Uniti. Se così fosse, non sarà difficile comprendere perché la situazione coreana ad alcuni appaia diversa da quella irachena e perché non sembri probabile un intervento armato contro la Corea del Nord.

UNA COREA DEL NORD
OLTRE KIM JONG-IL?

Luciano Larivera S.I.

Dopo 17 anni al potere, il «Caro Leader» Kim Jong-il è morto sabato 17 dicembre a 69 o 70 anni, per un attacco cardiaco. Con quindici anni di gavetta, era «salito al trono» aspettando tre anni alla fine della lunga dittatura comunista del padre, Kim Il Sung (1948-94), che un emendamento costituzionale nel 1998 ha nominato «Presidente Eterno» della Repubblica democratica popolare di Corea (122.762 km2 e 24,5 milioni di abitanti).

Insieme con il figlio era la sola «divinità» ammessa nello Stato dove la libertà religiosa è meno rispettata al mondo e ai cristiani (400.00 circa) sono riservate persecuzioni, inclusi i campi di lavoro forzato o l'esecuzione capitale per proselitismo o possesso di una Bibbia. Si stima che dal 1953, con la fine della guerra di Corea, 300.000 cristiani siano stati assassinati o internati. Tutti i preti e i missionari sono stati espulsi, ma la «fede delle catacombe» viene tramandata nelle famiglie. Ogni anno le Nazioni Unite denunciano la Corea del Nord per violazione dei diritti umani (torture, esecuzioni extragiudiziali, arresti arbitrari, trattamento carcerario disumano, indottrinamento forzato ecc.). Nei gulag e nei campi di lavori sarebbero incarcerati circa 200.000 prigionieri politici.

L'appellativo di Kim Il Sung era «Grande Leader», per aver guidato la resistenza antigiapponese nella seconda guerra mondiale. Coniugò il marxismo con l'ideologia *juche* (l'autosufficienza nazionale), il culto dell'autorità e degli antenati in una sorta di neoconfucianesimo gerontocratico, il centralismo economico e l'isolamento internazionale. Questo bloccò lo sviluppo economico del Paese, definito «Stato eremita» o, meno benevolmente, «canaglia»

58

dall'ex-presidente statunitense George W. Bush jr, avendo inserito la Corea del Nord nell'«asse del male».

L'autorità suprema dello Stato è la Commissione Nazionale di Difesa, di cui Kim Jong-il era a capo. Poi viene il Partito dei lavoratori, del quale il «Caro Leader» era segretario e capo del Politburo. Dal partito comunista emanano due partiti di minoranza, e i parlamentari eletti dal popolo fra questi tre schieramenti compongono l'Assemblea Suprema. Di fatto si tratta di un regime dinastico di stampo stalinista e sganciato dal marxismo-leninismo. Le forze armate sono l'ossatura anche del sistema industriale. A loro è destinato tra il 15 e il 25% del Pil, con 1,2 milioni di militari (escludendo i riservisti). Questa è la politica del *songun*, accentuata da Kim Jong-il, che postula la preminenza delle forze armate sul resto della società. E così la Corea del Nord è tra i Paesi più poveri al mondo, perché la mobilitazione permanente dei militari e i programmi missilistico e nucleare assorbono eccessive risorse. Inoltre, con la caduta dell'Urss, al Paese venne a mancare il maggiore alleato anche economico. Si stima che, nei primi anni di guida del «Caro Leader», due milioni di nordcoreani siano morti di fame, data l'accelerazione del programma atomico. Adesso in sei milioni patiscono la malnutrizione.

Il sistema dittatoriale nordcoreano si struttura ulteriormente, in modo tetragono, sulla propaganda di regime (inclusa l'invenzione di leggende sul leader per suscitare commozione e *pietas* tra le masse), l'*intelligence* (e la delazione) interna, la forza repressiva delle forze di sicurezza (anche con ritorsioni e attentati all'estero) e la strutturazione della società per classi e distribuzione geografica[1].

Nella capitale Pyongyang, il 28 dicembre, si sono svolti i funerali di Stato per Kim Jong-il, senza la presenza di delegazioni straniere, salvo il vice-premier cinese, perché non invitate. Si sono evi-

---

1. Un 5-25% dei nordcoreani sarebbe composto dai leali al regime, un 50-75% dai titubanti, e un 8-27% dagli ostili, anche soltanto per la parentela con dissidenti incarcerati o fuggiti all'estero. L'economia collettivista, con limitati spazi al mercato e alla proprietà privata, premia e punisce, rispettivamente, il conformismo e la non acquiescenza. I leali accedono all'esercito, al partito e alla pubblica amministrazione, a migliori prestazioni scolastiche, universitarie e sanitarie; possono godere il benessere (come un'alimentazione adeguata) della vita urbana, soprattutto nella capitale. Ma la slealtà, dicono i dissidenti fuggiti all'estero, è punita con «l'inferno» per generazioni.

tati occhi indiscreti e ingerenze[2]. Tuttavia il possesso della «bomba» garantisce la sopravvivenza del regime, anche in considerazione del fatto che l'Iraq è stato invaso perché non la possedeva, e così la Libia, che aveva rinunciato al nucleare. Tuttavia l'alleato cinese non vuole la simbiosi con i volubili nordcoreani e, ad esempio, non ha assecondato la loro recente richiesta di acquistare caccia intercettori J-10. Tuttavia Pechino non rinuncia ad attorniarsi di Stati cuscinetto, come la Corea del Nord, che riceve aiuti alimentari e combustibili dalla Cina, a cui esporta minerali, soprattutto ferro e carbone.

Nell'agosto 2008, il «Caro Leader» era stato colpito da un ictus. Da allora il suo parziale recupero di salute era stato dedicato, con diversi viaggi in Cina, a preparare il passaggio di poteri al terzogenito Kim Jong-un, di 27 o 28 anni, mentre gli altri due figli maschi erano stati messi fuori scena. All'erede non era stato attribuito alcun incarico reale, perché la sua figura non sminuisse quella del genitore. Kim Jong-il, in questo 2012, intendeva trasferirgli la *leadership* da vivo, per evitare il ripetersi della sua esperienza di tre anni di incertezze (ufficialmente di lutto) prima di succedere al padre.

L'«intronizzazione» di Kim Jong-un è comunque avvenuta secondo le disposizioni paterne, messe in opera nelle 50 ore prima di annunciare la morte di Kim Jong-il. Alla conclusione dei 13 giorni ufficiali di lutto, il 29 dicembre, il terzogenito, già prima designato a capo del comitato per i funerali e «Grande Successore», è stato pubblicamente «incoronato» supremo leader del partito, dell'esercito e del popolo. Ma non ha pronunciato alcun discorso. Nei giorni precedenti la Cina aveva già riconosciuto la nuova investitura. Un modo per farsi garante della stabilità nordcoreana. Di seguito la Commissione Nazionale di Difesa nordcoreana ha dichiarato «agli

---

2. La scomparsa di Kim Jong-il è stata associata all'uscita di scena dei dittatori di Tunisia, Egitto, Myanmar, Libia e Yemen nel 2011. E si è osservato come le forze armate siano l'ago della bilancia degli equilibri politici in tutti questi Paesi, così come in Pakistan e Siria, che è una grande acquirente di armi nordcoreane e ha cercato di costruire una centrale nucleare con l'ausilio di tecnici della Corea del Nord. E gli ostentati fiumi di lacrime dei nordcoreani in lutto sono stati spesso giudicati come l'espressione di un'inconsapevole «sindrome di Stoccolma», per cui il popolo si è identificato con il suo sequestratore e aguzzino; oppure come un atto dovuto (magari spalmando gli occhi di saliva) per non subire accuse (e punizioni) per scarso amor patrio.

stupidi esponenti politici di tutto il mondo, incluso il gruppo di burattini in Corea del Sud, che non devono attendersi da noi alcun cambiamento [...]. La Repubblica popolare di Corea non avrà alcun rapporto con il gruppo di traditori guidati da Lee Myung-bak», il presidente della Corea del Sud.

L'8 gennaio, giorno del suo compleanno, Kim Jong-un ha ricevuto ulteriori grandi onori in patria a conferma della sua *leadership* suprema, forse ancora di facciata. Non si esclude che avvierà, con maggiore convinzione del padre, l'economia di mercato, favorendo maggiori insediamenti industriali sudcoreani e cinesi (anche per avere valuta straniera). Ma siamo lontani da aperture diplomatiche dirette a Washington e a qualche abbozzo di democrazia, come sta affiorando in Myanmar. E siamo molto più distanti da una qualche forma di «primavera araba» stile 2011. Anch'esse tuttavia apparivano improbabili, ma hanno potuto contare su ideali religiosi diffusi, *social network* su internet e apertura culturale ai regimi democratici occidentali: merce rara a nord del 38° parallelo. Soltanto dall'interno delle forze armate nordcoreane può partire l'iniziativa per un cambio di regime.

Le prime reazioni

L'*Agenzia Fides*, il 19 dicembre, ha riportato le dichiarazioni distensive di mons. Peter Kang, vescovo di Cheju e presidente della Conferenza episcopale della Corea del Sud: «La morte del leader nordcoreano Kim Jong-il può essere l'inizio di una svolta per il cammino di riunificazione delle Coree. Speriamo che il Signore dia coraggio e luce ai fratelli nordcoreani perché possa tornare una politica incentrata sul dialogo, sulla pace, sulla riconciliazione». Nel frattempo la *Caritas* sudcoreana continua a fornire assistenza materiale al Nord.

La Corea del Sud, formalmente ancora in guerra con il Nord dopo il conflitto del 1950-53, ha subito decretato lo stato di massima allerta, senza però spostare truppe al confine, perché questo sarebbe stato interpretato come un segnale non distensivo. Nel 2010 l'attuale presidente sudcoreano aveva sospeso gli aiuti alimentari al popolo affamato del Nord dopo l'affondamento, nel marzo di quell'anno, della corvetta sudcoreana *Cheonan*, con la morte di 46 marinai. Pochi mesi prima Kim Jong-un era stato promosso generale a quattro stelle, pur senza meriti militari. Dopo, nel novembre 2010, il Nord ha bombardato l'isola sudcoreana di Yeonpyeong sul confine marittimo conteso, uccidendo due militari e due civili[3].

Una fonte del governo sudcoreano ha spiegato ad *Asianews*, il 19 dicembre, che nella popolazione il dolore per la morte del dittatore è reale. La gente lo vedeva come una fonte di fierezza per la sua sfida al mondo. «Kim Il Sung ha creato il regime, ma il figlio lo ha rafforzato e gli ha dato l'arma atomica. Si tratta di un dato essenziale per la fierezza dei nordcoreani, che non hanno visto nel defunto un pazzo guerrafondaio, ma l'unico in grado di farli rispettare nel mondo». Sembra confermato al potere Kim Jong-un, «ma vicino a lui ci sono lo zio Jang Song-taek, da tempo numero 2 del regime e detentore del potere nel Partito, e sua moglie Kim Kyong-hui, sorella più giovane del defunto: questi sono stati nominati due anni fa "tutori" di Jong-un, ma potrebbero cercare di eliminarlo dalla linea di potere. Adesso è certo che si apre la possibilità di rovesciare il regime».

Ma questa possibilità deve venire dal popolo, i nordcoreani devono muoversi per primi, commenta la fonte di *Asianews*. «Gli interventi esterni non farebbero altro che esacerbare la rabbia che quella gente prova nei confronti del mondo: noi dobbiamo e possiamo sostenere un movimento interno, ma non si può pensare a un'opzione di tipo militare. Ora l'economia interna avrà un contraccolpo durissimo, già si vede l'aumento dei prezzi delle derrate alimentari: se non saranno loro a fare qualcosa, sarà duro intervenire».

Il presidente statunitense Barack Obama, informato della morte del dittatore, ha riaffermato «la forza dell'impegno degli Stati Uniti per assicurare la stabilità della penisola coreana e la sicurezza del

---

3.   Alle provocazione non seguirono rappresaglie armate. Si puntò a «sedare» i vicini con i «buoni uffici» della Cina, che non aveva condannato le due intimidazioni, «sollecitandola» con esercitazioni navali statunitensi e sudcoreane a ridosso pure delle acque cinesi. Al leader *in pectore* di Pyongyang si è voluta attribuire la paternità delle aggressioni, per attestare la sua autorità dentro l'esercito e la continuità del regime. Anche il lancio sperimentale di due missili a corto raggio in direzione del Giappone, dopo l'annuncio della morte di Kim Jong-il, avrebbe avuto lo stesso significato.

nostro alleato, la Repubblica coreana del Sud». Ma è improbabile, in quest'anno elettorale, che la presidenza americana, per non apparire debole al suo elettorato, tenti un approccio diretto con il «Grande Successore» o tolga le sanzioni al regime. Per di più qualsiasi apertura nordcoreana unilaterale, in quest'anno di transizione, non sembrerebbe credibile agli occhi internazionali, perché a Kim Jong-un occorre tempo, sia per attestare internamente il proprio potere anche sulla politica estera e nucleare, sia per dimostrare, volendolo, di non usare ancora sistematicamente l'ambiguità, l'imprevedibilità e la minaccia come *modus operandi* nordcoreano nelle relazioni internazionali.

In Giappone, alla notizia della morte di Kim Jong-il, il premier Yoshihiko Noda ha disposto di tenere contatti serrati con Usa, Cina e Corea del Sud per fronteggiare tutti gli scenari possibili[4]. Da parte sua, Pechino ha espresso «dolore» e presentato le condoglianze ai nordcoreani. Ha poi inviato un segnale di continuità: «La Cina e la Corea del Nord si sforzeranno insieme per continuare a contribuire al consolidamento e allo sviluppo della tradizionale amicizia tra i due popoli e per preservare la pace e la stabilità della penisola coreana e della regione». Dalla Russia, che confina per un tratto con la Corea del Nord, è giunto il cordoglio ufficiale e l'auspicio di proseguire le relazioni amichevoli. In progetto c'è pure un gasdotto terrestre dalla Siberia alla Corea del Sud.

L'Italia, prima nel G7 ad avviare relazioni diplomatiche con Pyongyang, ha auspicato che quanto prima inizi «una fase istituzionale nuova nella direzione di una ripresa dell'apertura, del dialogo positivo e della cooperazione con la comunità internazionale, in particolare sui temi della proliferazione nucleare, della pace e sicurezza regionale, del rispetto dei diritti umani». E dicendosi da sempre vicina al popolo nordcoreano, l'Italia «continuerà a seguire con la massima attenzione, d'intesa con i propri partner, l'evoluzio-

---

4. L'accordo, annunciato il 26 dicembre 2011, di usare direttamente le valute cinesi e giapponesi per l'interscambio commerciale bilaterale, rafforza la determinazione di Tokyo e Pechino per la stabilità nel Pacifico Occidentale. Nel frattempo la Cina spinge per una zona di libero scambio con la Corea del Sud e il Giappone, per allentare le tensioni politiche e contenere il riorientamento commerciale e strategico degli Usa in Asia.

ne della situazione della Repubblica democratica di Corea e nella regione e a svolgere un ruolo d'impulso in favore della stabilità regionale».

Saputo della scomparsa di Kim Jong-il, i principali mercati finanziari asiatici hanno chiuso in negativo, perché si è diffusa la paura di una fase di instabilità; ma la fibrillazione è rientrata nei giorni successivi. Questo timore è amplificato dalla sorte incerta del programma di armi nucleari nordcoreano, pubblicizzato con due test di esplosione atomica (9 ottobre 2006 e 25 maggio 2009). Nel frattempo l'Agenzia internazionale per l'energia atomica ha di nuovo chiesto di inviare ispettori per verificare le infrastrutture nucleari.

È improbabile che Kim Jong-un abbia il controllo diretto e immediato sull'arsenale atomico. Ma l'imprevedibilità del regime sul nucleare sembra che permarrà a lungo. Anzi, per accreditare il nuovo leader, sembra «necessario» fare avanzare il programma. Questo «gioco d'azzardo» accresce il potere negoziale di Pyongyang anche nei confronti di Pechino. Per questo, in attesa dell'incerta transizione, gli Usa avevano già deciso di ritardare, dal 2012 al 2015, il trasferimento del controllo operativo, in caso di guerra, delle truppe sudcoreane (655.000 effettivi): inferiori di numero, ma meglio addestrate, armate e nutrite di quelle nordcoreane.

Un'ambigua instabilità controllata

Il 2012 sarà segnato dal cambio della guida politica anche in Corea del Sud (elezioni parlamentari in aprile e presidenziali in dicembre), con l'impossibile ricandidatura di Lee Myung-bak e la possibile vittoria dei suoi avversari di centrosinistra, più dialoganti con i nordcoreani. Cambieranno i vertici anche di quattro membri permanenti del Consiglio di Sicurezza dell'Onu (Russia, Francia, Cina e Usa). E così, ingerirsi nella successione nordcoreana, vista l'apparente tranquillità della transizione, non è una priorità immediata di questi Stati. Né sembra che Pyongyang abbia interesse ad azioni veramente destabilizzanti, oltre la pura propaganda retorica, rischiando di alienarsi l'amicizia cinese. Inoltre la Corea del Nord, per la prima parte del 2012, sarà molto presa dai preparativi per festeggiare il centenario della nascita di Kim Il Sung, avvenuta il 15 aprile 1912. Il regime, piuttosto, dovrebbe dare al popolo segnali convincenti di promuovere la forte prosperità sbandierata, che non coincide con maggiore deterrente nucleare e nuovi flussi di aiuti esteri dietro il ricatto atomico o umanitario, tenendo in ostaggio milioni di cittadini affamati.

L'erede al «trono», che ha studiato due anni in Svizzera e, a quanto pare, conosce le lingue inglese, francese e tedesca, è ancora sconosciuto al suo popolo e da alcuni dissidenti viene dipinto come un sanguinario senza scrupoli per il suo coinvolgimento nella direzione della polizia segreta. Le forze armate, tra le quali gode di una certa autonomia il corpo dei militari a protezione del leader, potrebbero non attribuirgli la *leadership* effettiva, che sarà svolta sotto la reggenza degli zii per almeno un anno di rodaggio.

Il capo di Stato maggiore, Ri Yong-ho, sarà uno dei custodi di Kim Jong-un, la cui gioventù non è apprezzata in un sistema che valorizza l'anzianità, la lunga militanza e la partecipazione agli eventi bellici del passato. Inoltre, non è assodato che Kim Jong-un sappia replicare il modello carismatico e personalistico del padre (o che gli sia concesso). E, da adesso, il potere potrebbe essere stabilmente gestito, in modo distribuito e pluralista tra oligarchi, con una «*leadership* collettiva», i cui bizantinismi sono difficilmente penetrabili dagli occidentali[5].

Tuttavia la perpetuazione dello *status quo*, cioè la successione familiare, meglio garantisce i tanti attualmente al potere. Per questo è improbabile che il nuovo leader, nel breve termine, accentui lo sviluppo economico, seguendo decisamente il modello cinese e vietnamita, o punti alla piena distensione con la Corea del Sud. Ciò significherebbe smobilitare una parte consistente delle forze armate

---

5.   Per comprendere i misteri dei giochi di potere in Corea del Nord, occorre la «cremlinologia», come, ad esempio, dedurre, dal posizionamento dei personaggi intorno al «Grande Successore» durante gli eventi pubblici, chi è caduto in disgrazia e chi acquista influenza. Il sistema di potere personale costruito dal padre Kim Jong-il era *hub and spokes* (mozzo e raggi). Egli aveva permesso il consolidarsi di gruppi di influenza autoreferenziali, mettendoli però in competizione tra di loro e facendosi me diatore indispensabile tra istanze in conflitto e monopolista nella distribuzione dei «premi». Le *élite* nordcoreane non erano più mosse dall'ideologia, ma dai riconoscimenti promessi e concessi dal leader supremo.

e l'ideologia che tiene insieme il Paese (e «legittima» finora Kim Jong-un), anche perché l'apertura al commercio e agli investimenti esteri favorisce il diffondersi di idee e prassi libertarie.

È iniziata così una fase di presumibile instabilità interna, con durata incerta, possibile epurazione di generali, dirigenti del partito e degli apparati governativi e promozione di altri (come è già avvenuto per favorire l'ascesa di Kim Jong-un). C'è poi il rischio che la Corea del Nord crei, come in altre occasioni, una o più «situazioni» su cui dirottare l'attenzione politica internazionale, perfino il trasferimento di tecnologia nucleare all'estero, ad esempio in Birmania, se non sta già avvenendo. Sembrano però scontati, con il pretesto di sperimentare il lancio di satelliti, i test su missili a lunga gittata, che possono portare testate atomiche e colpire presenze militari o città statunitensi.

Si teme sempre una nuova guerra tra Nord e Sud Corea che possa coinvolgere anche Cina e Giappone, oltre agli Usa, e degenerare in un conflitto nucleare, o almeno congelare la crescita economica dell'area e bloccare una buona parte della catena mondiale della produzione industriale[6]. Ma conforta il fatto che la Cina non gradisca l'instabilità politica dell'area, perché essa già risente dei cali nei volumi commerciali per la crisi dell'eurozona.

Una certa probabilità è assegnata a una nuova carestia dovuta a incapacità o volontà politica, al fine di tenere sotto scacco la popolazione rurale; oppure all'implosione del regime, o addirittura a una guerra civile. Ciò potrebbe creare ingenti flussi di profughi indesiderati in Cina, Corea del Sud, Giappone. Per questo la comunità internazionale preferirebbe, almeno nell'immediato, una transizione chiara e tranquilla di poteri a Kim Jong-un. E nessuna riunificazione. Seul non sembra disposta ad accollarsi i costi immensi di una unica Corea, con stime dai 100 ai 4.000 miliardi di dollari[7].

---

6.   Ma questo scenario non è al momento probabile, anche per le manifestazioni di cordoglio delle autorità di Seul e l'invio apprezzato di due delegazioni informali sud-coreane, il 26 dicembre: una guidata dalla presidente del colosso industriale Hyundai, che opera anche al Nord; e l'altra dalla vedova dell'ex-presidente sudcoreano Kim Dae-jung, che ricevette il *Nobel* per la pace nel 2000 per avere aperto dialoghi diretti con Kim Jong-il. Ma il disgelo ebbe breve durata.

7.   Neppure al Giappone la riunificazione pare convenire, perché troverebbe un concorrente commerciale ancora più temibile, in quanto la Corea del Sud po-

Un collasso politico non violento della Corea del Nord, anche se gestito al meglio con le truppe cinesi entro i propri confini, richiederebbe una missione umanitaria dell'Onu di almeno 300.000 militari, possibilmente non statunitensi per non irritare Pechino. Agli Usa, invece, la separazione permette di mantenere una stretta alleanza militare bilaterale con la Corea del Sud e il Giappone e, quindi, di lasciare i suoi militari vicino ai confini cinesi (28.500 soltanto in territorio sudcoreano). Infatti Pechino non accetterebbe, nel caso di riunificazione coreana, le forze armate statunitensi ai suoi confini. La Cina, da parte sua, senza una Corea del Nord di cui farsi garante, perderebbe una leva di influenza sulla comunità internazionale.

La maggiore preoccupazione strategica di Washington è l'antiproliferazione, cioè evitare che il materiale e le tecnologie nucleari nordcoreane vadano in mano a nuovi Paesi o a gruppi terroristici. Il collasso del regime favorirebbe tutto ciò. Meglio l'attuale instabilità controllata. Tuttavia è aumentata la pericolosità della Corea del Nord, dotata pure di miniere di uranio. Dopo aver accumulato scorte di plutonio e realizzato forse dieci testate atomiche, la cui operatività militare è incerta, recentemente si è dotata di lanciatori mobili di missili balistici e di un programma di arricchimento dell'uranio, per realizzare sia lecite centrali nucleari di paravento, sia testate atomiche ad uranio. Se proseguirà, gli Stati Uniti potrebbero rinforzare la difesa antimissili (anche dallo spazio) per sé e per i propri alleati.

Andare avanti con il dialogo strategico

La settimana precedente alla morte di Kim Jong-il, c'erano stati segnali rassicuranti di distensione, pur nella loro ambiguità. Il 15 e il 16 dicembre, a Pechino, si erano svolti colloqui tra diplomatici sta-

---

trebbe impiegare la manodopera a basso costo del Nord. Si ritroverebbe anche un Paese ideologicamente anti-giapponese, ancora memore dei soprusi della seconda guerra mondiale, senza la certezza che venga smantellato il programma nucleare militare. Anzi, questa circostanza, come la prigionia in Nord Corea di 12 giapponesi sequestrati negli anni Settanta e Ottanta, permette al Governo giapponese di giustificare un rafforzamento delle sue forze armate.

tunitensi e nordcoreani. Gli Usa si volevano impegnare a garantire almeno 240.000 tonnellate di aiuti alimentari alla Corea del Nord, che si era resa disponibile ad attuare misure iniziali di denuclearizzazione, che comprendono una sospensione del programma di arricchimento dell'uranio. Il regime nordcoreano sembrava inoltre aver acconsentito a un sistema di verifiche più stretto e più trasparente della distribuzione degli aiuti alimentari, come richiesto da Washington, in modo che i soccorsi siano garantiti alle persone più nel bisogno e non all'apparato burocratico e militare. Per questo gli Usa fornirebbero biscotti proteici e vitaminici, e non il riso voluto dai nordcoreani ma più facilmente dirottabile sul mercato nero. Un ulteriore *round* di colloqui bilaterali era previsto attorno al 22 dicembre a Pechino. Ma tutto è stato sospeso con il lutto nazionale.

Dai successivi colloqui si attendeva l'apertura definitiva di Pyongyang a riprendere, dopo la sospensione dal settembre 2008, i colloqui a Sei (Corea del Nord, Corea del Sud, Cina, Russia, Usa e Giappone) finalizzati alla denuclearizzazione militare della Corea del Nord. La condizione posta dagli Usa per la ripresa dei negoziati al tavolo allargato è l'impegno nordcoreano a fermare il programma di arricchimento dell'uranio e accettare la visita degli ispettori dell'Agenzia internazionale per l'energia atomica.

Al di là delle auspicate aperture di Pyongyang, sono Pechino e Washington a doversi ben coordinare per stringere il cerchio attorno alla Corea del Nord con incentivi e sanzioni credibili e condivise. Ma il termine «sicurezza» è ancora inteso con accezioni prioritarie diverse dagli Usa (anti-proliferazione) e dalla Cina (stabilità del regime nord-coreano). Non resta che insistere per riaprire il dialogo multilaterale con Pyongyang, senza mettere in secondo piano i diritti umani dei nordcoreani. È però fondamentale che tra Washington e Pechino ci sia un continuo dialogo strategico, franco e responsabile, per gestire congiuntamente e pacificamente l'eventuale collasso o cambio di regime a Pyongyang. Occorre prevenire soprattutto la catastrofe che l'intera Corea si trasformi nel campo di battaglia tra la potenza ancora egemone e quella che la sta incalzando.

IL VIAGGIO DI PAPA FRANCESCO IN COREA
Custodia, empatia, consolazione

Antonio Spadaro S.I.

Alle ore 10,15 del 14 agosto scorso, il volo Alitalia con a bordo Papa Francesco è atterrato alla Base Aerea di Seoul. Il Pontefice è stato accolto dalla Presidente della Repubblica, signora Park Geun-hye. Nel sorvolare la Croazia, la Slovenia, l'Austria, la Slovacchia, la Polonia, la Bielorussia, la Russia, la Mongolia e la Cina, il Papa ha fatto pervenire ai rispettivi Capi di Stato un messaggio telegrafico. Da notare in particolare proprio il sorvolo della Cina, che per la prima volta ha permesso a un Pontefice di solcarne i cieli. Durante il viaggio di ritorno Roma, Papa Francesco ha ricordato l'emozione al momento del sorvolo e l'invio del telegramma al presidente cinese Xi Jinping con i saluti e l'invocazione della benedizione divina di pace e di benessere per la nazione.

Il Pontefice si è recato nella Repubblica di Corea in occasione della VI Giornata della Gioventù Asiatica in programma a Daejeon dal 13 al 17 agosto sul tema: «Gioventù dell'Asia, alzati! La gloria dei martiri brilla su di te». Essa ha visto la partecipazione di rappresentanti di 23 nazioni. Tra questi anche 60 giovani cinesi. La Corea del Nord invece non ha permesso che alcuno varcasse il 38° parallelo.

Il terzo viaggio apostolico di Papa Francesco è anche il terzo viaggio di un Pontefice nella Repubblica di Corea. San Giovanni Paolo II l'aveva visitata due volte: nel 1984, in occasione del 200° anniversario della Chiesa Cattolica in Corea, e nel 1989 in occasione del 44° Congresso Eucaristico Internazionale. Nel 1984 Papa Wojtyla aveva canonizzzato 103 martiri coreani.

Le tappe del viaggio

Il viaggio di Papa Francesco è stato ricco di eventi. Diamo con-

69

to, in estrema sintesi, dei suoi movimenti, per poi riflettere sul significato di questo viaggio nella sua globalità.

Il primo giorno, il 14 agosto, nella Capitale il Pontefice ha incontrato la Presidente e le autorità civili nel Palazzo presidenziale detto *Blue House* e, successivamente, i vescovi del Paese nella sede della Conferenza episcopale coreana (Cbck).

Il secondo giorno si è recato nel *World Cup Stadium* di Daejeon per celebrare la Messa della Solennità dell'Assunzione della Beata Vergine Maria. Erano presenti alla celebrazione eucaristica superstiti e familiari del naufragio della nave traghetto *Se Wol*, affondata il 16 aprile scorso al largo delle coste della Corea del Sud, che ha provocato 294 morti e 10 dispersi in mare, per lo più giovani studenti. Il Papa si è fatto carico del dolore dei parenti e lo ha manifestato in molti modi. Ha indossato sull'abito bianco una spilla gialla che gli è stata donata, simbolo del sostegno ai familiari che, dal giorno del disastro, chiedono verità e giustizia al Governo di Seoul. Non si è trattato di un gesto fazioso, ma di solidarietà profonda, come Papa Francesco ha precisato nella conferenza stampa sul volo di ritorno, giustificando l'uso del nastro: «Quando ti trovi davanti al dolore umano, devi fare quello che il tuo cuore ti porta a fare».

Ha poi incontrato Lee Ho-jin, padre di una delle vittime del *Se Wol,* catecumeno, che ha compiuto un pellegrinaggio di 900 chilometri portando una croce. Il Papa lo ha battezzato personalmente nella cappella della Nunziatura il 17 agosto. Infine, all'*Angelus*, dopo la Messa, la preghiera di Francesco è stata per le vittime di quel naufragio.

Da Daejon il Papa si è spostato presso il Santuario di Solmoe, luogo natale del martire sant'Andrea Kim Daejeon, primo sacerdote coreano, per incontrare i partecipanti alla VI Giornata della Gioventù Asiatica. L'incontro è stato una festa colorata di 6.000 giovani provenienti da 23 nazioni dell'Asia, radunati sotto una enorme tenda bianca posta nei paraggi del Santuario. Colpivano i messaggi che i giovani lanciavano già indossando le loro magliette: *Pope Hope* (Papa Speranza), *Wake up* (Svegliati) o *Arise & Shine* (Alzati e risplendi), che era il motto della Giornata.

Il terzo giorno Papa Francesco si è recato a pregare al Santuario dei martiri di Seo So-Mun, luogo delle esecuzioni capitali dei cristiani, per poi raggiungere la porta di Gwanghwamun per la Messa di beatificazione di Paul Yun Ji-Chung e 123 compagni martiri, che costituiscono la prima generazione di cattolici coreani, tutti laici, tranne uno, che è anche l'unico cinese, padre James Ju Mun-mo, il primo a celebrare la Messa nel Paese. I partecipanti alla celebrazione hanno superato di gran lunga le attese. Circa 1 milione di persone occupavano la grande aerea che unisce la Porta al Palazzo Imperiale e la piazza del Municipio. L'intera aerea sin dal mattino presto era traboccante di persone, sedute su minuscoli tatami con il capo chino, che ascoltavano e pregavano, a tal punto che nella zona si avvertiva solamente il frinire delle cicale.

Nel pomeriggio il Papa si è trasferito a Kkottongnae, la «collina dei fiori», dove sorge la *House of Hope*, un centro di recupero di persone disabili fondato negli anni Settanta da padre John Oh Woong Jim. Tra disabili orfani il Papa si è sentito completamente a suo agio: molti e toccanti gli incontri con giovani e bambini carichi di una grande sofferenza. Alcuni hanno persino danzato davanti a lui. I *media* locali hanno evidenziato alcuni gesti del Papa, come quello di sostituire il suo dito con quello di un bambino che lo aveva in bocca. All'uscita, Francesco ha sostato in preghiera davanti al «Giardino dei bambini abortiti», un prato con una distesa di piccole croci bianche. Pure a Kkottongnae ha incontrato le comunità religiose della Corea e i leader dell'apostolato laico.

Il quarto giorno, presso il Santuario di Haemi, detto anche «Santuario del martire ignoto», luogo dove i cristiani furono persino seppelliti vivi, il Papa ha incontrato i vescovi dell'Asia. Quindi nel pomeriggio si è trasferito presso il Castello di Haemi, dove ha celebrato la Messa conclusiva della VI Giornata della Gioventù Asiatica. Da notare che l'altare per l'occasione è stato composto appena prima dell'inizio della celebrazione eucaristica. Infatti 23 giovani, rappresentanti dei gruppi nazionali, hanno portato ciascuno una croce di legno; le croci, montate insieme, hanno costruito il blocco dell'altare. La sera poi il Papa ha deciso un fuori programma, cioè di recarsi per una visita privata nella sede della comunità dei padri gesuiti della *Sogang University*. I padri gesuiti erano stati avvisati appena 24 ore prima.

Nel quinto e ultimo giorno, il 18 agosto, Papa Francesco, presso la Cattedrale Myeong-dong di Seoul, ha incontrato brevemente i leader religiosi della Corea. Lo spazio dell'incontro era alquanto ristretto e i saluti sono stati semplici, ma anche affettuosi sia da parte dei leader di altre confessioni cristiane sia da parte di quelli di altre religioni. Quindi il Papa ha celebrato la Messa finale del viaggio, offerta per la pace e la riconciliazione in Corea, alla presenza di tutti i vescovi coreani.

Prima della celebrazione ha salutato le cosiddette *comfort women*, donne ormai molto anziane che in gioventù erano state costrette a far parte di corpi di prostitute creati dall'Impero del Giappone. Questo saluto è stato messo molto in rilievo dalla stampa coreana. Dopo la Messa il Papa si è recato nella cripta dei martiri, prima di trasferirsi presso la Base Aerea di Seoul, da dove è ripartito per Roma.

Corea, porta d'Asia: la frontiera e la porta

Quando il Papa, dopo la Giornata Mondiale della Gioventù di Rio, ha ricevuto per la prima volta l'invito a recarsi in Corea da parte di mons. Lazzaro You Heung-Sik, vescovo di Daejon, ha sentito con chiarezza interiore che doveva accettare l'invito[1]. La sua dunque è stata una decisione spirituale, frutto di un discernimento e non solamente di una elaborazione su ragioni e motivazioni di opportunità. Perché proprio la Corea? Per comprenderlo, occorre collocare il terzo viaggio internazionale di Papa Francesco all'interno di una prospettiva: la netta predilezione del Pontefice per le frontiere.

Se il viaggio in Brasile per la XXVIII Giornata Mondiale della Gioventù era stato già fissato prima della sua elezione, il viaggio in Terra Santa (24-26 maggio) e quelli annunciati in Albania, Filippine e Sri Lanka vivono della cifra del suo primo viaggio in assoluto, quello a Lampedusa. La natura di «porta d'Europa» della piccola isola del Mediterraneo è evidenziata dall'omonima opera di Domenico Paladino inaugurata nel 2008. L'isola, senza difese naturali, è stato luogo di scambi, di convivenza religiosa, ma anche oggi di sbarchi di migranti: simbolo di bellezza naturale e di drammatiche tensioni umane, è periferia, ma anche porta, frontiera, confine e ingresso.

Appena sbarcato in terra coreana, il Papa ne ha fatto un ritratto per contrasti. Rivolgendosi alle autorità radunate nella *Blue House*, ha parlato della bellezza naturale e della gente di questo Paese, ma anche della violenza: bellezza e violenza, in sintesi. La Corea è una frontie-

---

1. La storia dell'invito si legge in G. Valente, «Il Vescovo che ha invitato il Papa in Corea: non sia solo un "evento"», in http://vaticaninsider.lastampa.it/inchieste-ed-interviste/dettaglio-articolo/articolo/francesco-corea-35701

ra fatta di tensioni. Per questo, con tutte le differenze da rimarcare, come Lampedusa — bella e tragica anch'essa — è porta d'Europa, così la Corea è per Francesco porta d'Asia, il continente che il suo predecessore non era riuscito a visitare.

Il suo viaggio, del resto, è motivato innanzitutto dal VI Incontro della gioventù asiatica e ha visto presenti vescovi provenienti da tutta l'Asia. Questo continente, per il cristianesimo di oggi, è una di quelle frontiere periferiche così care a Bergoglio perché da esse si capisce meglio la realtà e la vocazione della Chiesa: è il luogo di una comunità ecclesiale che, globalmente considerata, non è di grandi numeri, ma certamente esprime una significativa maturità.

Francesco — lo ha detto più volte — non ama la sfera, ma il poliedro. Nella sfera ogni punto della superficie è equidistante dal centro; nel poliedro ogni faccia è originale. E per il Papa venuto «quasi dalla fine del mondo», l'Asia è quella faccia del poliedro che Matteo Ricci definiva esattamente allo stesso modo: la «fine del mondo». E nella visione bergogliana le periferie e le frontiere sono non solamente i luoghi per comprendere meglio il mondo, ma anche i pulpiti più adatti per parlare del Vangelo all'uomo di oggi.

La storia coreana ci parla di frontiere e delle influenze sia culturalmente pacifiche sia tragicamente violente del «Celeste Impero», cioè la Cina, e del Giappone. La Corea ha incarnato le tensioni della guerra fredda tra la Russia e gli Stati Uniti. Vive ancora incise nel suo territorio le geopolitiche del secondo Novecento. Ma essa è soprattutto terra di etnie multiformi, tradizioni antichissime e differenti tra loro, come quelle confuciana e sciamanica, che poi plasmano entrambe profondamente anche la sensibilità dei credenti[2], e anche quelle buddhista e taoista.

È pure interessante che uno dei romanzi più significativi della Corea di oggi abbia per titolo, nella versione italiana, di *Cantico di frontiera* della scrittrice Han Mahlsook[3]. Il Papa ha anche espresso ai giovani radunati a Solmoe la consapevolezza che l'unità non si oppone alle differenze, «non distrugge la diversità, ma la riconosce,

---

2. Cfr S. HAE-KYUNG KIM, *Sciamanesimo e Chiesa in Corea: per un processo di evangelizzazione inculturata*, Roma, Pontificia Università Gregoriana, 2005.
3. H. MAHLSOOK, *Cantico di frontiera*, Milano, ObarraO, 2001.

la riconcilia e la arricchisce». La Corea è chiamata a una unità che riconcilia le tante polarità che incarna.

In questa realtà complessa troviamo un cristianesimo spiritualmente ricco, maturato nel tempo in maniera originale, sviluppato grazie non a missionari chierici e stranieri, ma a eruditi laici coreani. Fin dall'inizio del secolo XVII i membri delle ambasciate coreane a Pechino incontrarono alcuni missionari gesuiti con i quali discussero questioni religiose. Da loro ricevettero i testi di evangelizzatori dell'Asia, soprattutto del gesuita Matteo Ricci, il cui *Genuina nozione del Signore del Cielo* (1603) presenta il conficianesimo come una via verso il Vangelo.

Nel 1784 uno di questi eruditi si fece battezzare a Pechino da sacerdoti cattolici e, al suo rientro, battezzò altri. Fino al 1836, data di arrivo dei primi missionari francesi, la comunità si resse sulla fede e sulla testimonianza dei laici. La Chiesa coreana in origine non ha mai avuto «la tentazione del clericalismo: erano laici, andavano avanti da soli!», ha detto a braccio il Papa, parlando ai vescovi coreani.

Comprendiamo dunque come la stessa diffusione del cristianesimo in Corea «fu stimolata dalla curiosità intellettuale», dalla ricerca umana di sapienza, come ha detto Papa Francesco durante la Messa di beatificazione dei primi martiri presso la porta di Gwanghwamun. In fondo, possiamo discernere anche qui una frontiera e una sfida: il confronto tra la saggezza umana e la fede trascendente, dove la prima conduce alla seconda, accendendo il desiderio di Dio.

È la strada che tentò Matteo Ricci e che ha dato i suoi frutti a distanza di ben oltre un secolo e mezzo e in una terra diversa da quella cinese. Il viaggio in Corea di Francesco implica il riconoscimento che la via di Ricci è stata fruttuosa. Anche in questo senso la Corea è porta d'Asia. È da qui, infatti, che Francesco ha detto ai giovani di tutta l'Asia: «Il Continente asiatico, imbevuto di ricche tradizioni filosofiche e religiose, rimane una grande frontiera per la vostra testimonianza a Cristo, "via, verità e vita"».

In particolare, ciò che colpiva i primi cristiani coreani, formati dalla mentalità confuciana che ordina la società in classi e gerarchie, era il fatto che il cristianesimo affermava che tutti sono fratelli. La convinzione della dignità uguale di tutti i battezzati «li condusse a una forma di vita fraterna che sfidava le rigide strutture sociali del loro tempo», ha detto il Papa nell'omelia della Messa di beatificazione. La portata rivoluzionaria in senso sociale di questo messaggio è stata anche una delle cause della persecuzione e del martirio.

È proprio alla luce della testimonianza di solidarietà fraterna dei martiri che il Papa legge la Corea anche come terra di tensioni sociali. Essa, ha detto, «si confronta con rilevanti problematiche sociali, divisioni politiche, diseguaglianze economiche e preoccupazioni in ordine alla gestione responsabile dell'ambiente». Quindi «è importante che sia data speciale attenzione ai poveri, a coloro che sono vulnerabili e a quelli che non hanno voce, non soltanto venendo incontro alle loro immediate necessità, ma pure per promuoverli nella loro crescita umana e spirituale». Tutte queste tensioni di frontiera, politiche, culturali, spirituali e sociali, hanno dunque convinto Francesco a visitare la Corea. Con il suo stile empatico il Pontefice ha accarezzato i conflitti e ha dimostrato una prossimità gentile, che è stata notata ampiamente, in particolare proprio dai *media* coreani.

Ricchezza spirituale e tentazioni di trionfalismo, benessere e distanza

Sia ai vescovi coreani sia a quelli d'Asia il Papa ha rivolto discorsi di ampio respiro pur nella loro brevità, che contengono le chiavi di lettura fondamentali del viaggio in Corea: un disegno di Chiesa e i tre rischi che la comunità ecclesiale coreana deve affrontare come sfide. Li riassumiamo brevemente.

Trionfalismo. Parlando ai vescovi coreani, il Pontefice ha detto innanzitutto che il loro compito è quello di essere «custodi della memoria». Francesco, consapevole della ricchezza culturale e spirituale del popolo coreano, afferma però che custodire questa saggezza non significa musealizzare e ingessare valori del passato, ma impiegarli come «risorse spirituali per affrontare con lungimiranza e determinazione le speranze, le promesse e le sfide del futuro». La ricca storia della Chiesa di Corea deve aprire alle sfide e delle muovere alla conversione e al cammino. Guai se questa memoria fosse l'occasione per atteggiamenti di trionfalismo compiaciuto!

Dalle sue radici interamente laicali, in Corea il cristianesimo sta crescendo velocemente. Oggi i cattolici sono oltre 5 milioni, sfiorando dunque l'11% della popolazione. I sacerdoti sono circa 5.000, i religiosi 1.500 e le religiose 10.000. La Chiesa sperimenta anche una bella tensione missionaria: circa 1.000 dei suoi sacerdoti sono all'estero come missionari o *fidei donum*[4].

Questo dato positivo e incoraggiante per il futuro comporta però anche la tentazione di un certo compiacimento per il «successo» pastorale, oltre al rischio di attivare strategie di *marketing* spirituale. Il Papa, dunque, è apparso consapevole che la Chiesa coreana deve vigilare per non essere influenzata dai modelli competitivi e funzionali della società. La Chiesa, dice il Papa ai vescovi, «vive e opera nel mezzo di una società prospera, ma sempre più secolarizzata e materialistica. In tali circostanze gli operatori pastorali sono tentati di adottare non solo efficaci modelli di gestione, programmazione e organizzazione tratti dal mondo degli affari, ma anche uno stile di vita e una mentalità guidati più da criteri mondani di successo e persino di potere che dai criteri enunciati da Gesù nel Vangelo».

Benessere. I vescovi coreani sono chiamati a essere anche «custodi della speranza». Parlando della virtù della speranza, il Papa ne evidenzia tutta la tensione di futuro e di immersione piena nel presente con un occhio molto attento alla testimonianza profetica della Chiesa legata alla sollecitudine per i poveri, i rifugiati, i migranti, coloro che vivono ai margini della società. Il Pontefice ha aggiunto al suo discorso ai vescovi un lungo inserto a braccio per dare corpo a ciò che stava dicendo e per evidenziarne l'importanza. La solidarietà con i poveri «è al centro del Vangelo», ha detto. Ma proprio nei momenti di prosperità sorge una tentazione: che la comunità cristiana «si "socializzi", cioè che perda quella dimensione mistica, che perda la capacità di celebrare il Mistero e si trasformi in una organizzazione spirituale, cristiana, con valori cristiani, ma senza lievito profetico». Sarebbe tremendo se la Chiesa si trasformasse «in una comunità di classe media, nella quale i poveri arrivano a provare anche vergogna». Questa sarebbe quella che il Papa ha definito «la tentazione del benessere spirituale, del benessere pastorale».

Francesco ha proseguito: «come fratello che deve confermare nel-

---

4. Risulta di estrema utilità la lettura del dossier «Enjeux actuels du catholicisme coréen» del sociologo Park Moon-Su, tradotto dalla redazione di *Eglises d'Asie*: cfr http://eglasie.mepasie.org/asie-du-nord-est/coree-du-sud/2014-07-18-pour-approfondir-enjeux-actuels-du-catholicisme-coreen

la fede i suoi fratelli, vi dico: state attenti, perché la vostra è una Chiesa in prosperità, è una grande Chiesa missionaria, è una grande Chiesa. Il diavolo non semini questa zizzania, questa tentazione di togliere i poveri dalla struttura profetica stessa della Chiesa e vi faccia diventare una Chiesa benestante per i benestanti, una Chiesa del benessere».

Distanza. Una terza tentazione è quella della distanza, della mancanza di vicinanza tra popolo e pastori, ma anche tra il vescovo e i sacerdoti della sua Chiesa: «Vicini ai vostri sacerdoti, mi raccomando, vicinanza, vicinanza ai sacerdoti — ha detto a braccio il Papa —. Che loro possano incontrare il vescovo. Questa vicinanza fraterna del vescovo, e anche paterna: ne hanno bisogno in tanti momenti della loro vita pastorale. Non vescovi lontani o, peggio, che si allontanano dai loro preti».

Il Papa ha qui presente il pericolo che i modelli della società fortemente gerarchizzata entrino nella *mens* ecclesiale con il rischio che a farla da padrone siano i precetti da osservare e la ritualità — anche delle relazioni —, seguita nei suoi dettagli. Rileggendo con attenzione le parole di Papa Francesco, si coglie facilmente quell'immagine di Chiesa umile, attenta ai poveri e vicina che egli sta proponendo sin dall'inizio del Pontificato, parlando della sua «struttura profetica».

La politica e la diplomazia dell'«amicizia»

Il viaggio apostolico di Papa Francesco in Corea ha confermato una linea precisa che non distingue nettamente l'approccio pastorale da quello diplomatico e politico. Come dicevamo, la terra di Corea è segnata da una ferita aperta da 66 anni che scorre lungo la frontiera del 38° parallelo. Corea del Nord e Corea del Sud non hanno fatto la pace: è in vigore un semplice armistizio, che teoricamente potrebbe essere infranto in qualunque momento. Vedere il filo spinato che separa il Sud dalla zona cuscinetto comunica visivamente lo spinoso dramma coreano.

Papa Francesco non ha però mai parlato di «Corea del Nord» e di «Corea del Sud», ma di Corea o penisola coreana. Rispondendo alla domanda che una giovane gli ha posto durante l'incontro di Solmoe, ha detto a braccio: «Ma ci sono due Coree? No, ce n'è una, ma è divisa, la famiglia è divisa. E c'è questo dolore... Come aiutare affinché questa famiglia si unisca?». Francesco dà un consiglio e una speranza. Il consiglio è la preghiera: «Signore, siamo una famiglia, aiutaci, aiutaci per l'unità, Tu puoi farlo. Che non ci siano vincitori, né vinti, soltanto una famiglia, che ci siano soltanto i fratelli». La speranza poi è la seguente: «La Corea è una, è una famiglia: voi parlate la stessa lingua, la lingua di famiglia; voi siete fratelli che parlate la stessa lingua. Quando [nella Bibbia] i fratelli di Giuseppe sono andati in Egitto a comprare da mangiare — perché avevano fame, avevano soldi, ma non avevano da mangiare —, sono andati lì a comprare cibo, e hanno trovato un fratello! Perché? Perché Giuseppe se n'era accorto che parlavano la stessa lingua. Pensate ai vostri fratelli del Nord: loro parlano la stessa lingua e, quando in famiglia si parla la stessa lingua, c'è anche una speranza umana».

Questa risposta è da esaminare con attenzione nei suoi due fuochi: il primo consiste nel fatto che il Papa spezza la logica del vincitore/vinto, vittima/carnefice. Quindi fonda la profezia di unità su un terreno umanissimo, la lingua madre: i coreani formano un'unica famiglia, perché hanno la stessa lingua madre.

L'approccio è il medesimo che Francesco ha attuato in Terra Santa. In quel viaggio, i suoi discorsi hanno radicalmente superato le geometrie e le logiche che distinguono la vittima dal carnefice, spostando tutta la tensione verso un futuro che è stato reso visibile, e non solamente come simbolo, dall'abbraccio davanti al Muro occidentale tra Omar Abboud, Abraham Skorka e lo stesso Pontefice, tre amici di lunga data: un musulmano, un ebreo e un cristiano.

In fondo il Pontefice fa sua la via di Matteo Ricci, che in cinese scrisse il trattato *Sull'amicizia* (1596). Questo libro, che valse al gesuita il titolo di *shengen*, cioè «saggio ispirato», offre una chiave di lettura dell'atteggiamento di Francesco davanti alle frontiere più spinose. Egli accarezza i fili spinati, ma senza «pettinarli». L'amicizia è un valore superiore alle strategie diplomatiche, talvolta velate d'ipocrisia. Lo ha detto il Papa parlando ai vescovi d'Asia a Haemi: «il dialogo viene ridotto a una forma di negoziato, o all'accordo sul disaccordo. Quell'accordo sul disaccordo… perché le acque non si muovano…».

Per questo la strada dell'amicizia è decisiva e prioritaria. Scegliendo la via dell'amicizia, Francesco preferisce la profezia di un gesto semplice, ma del tutto privo di rischio di ipocrisia. Così, ponendo la questione coreana in termini di lingua madre, sposta l'attenzione sui rapporti familiari, sulle radici umane comuni che in alcun modo possono essere smentite o falsificate.

E, come è avvenuto nel caso della Terra Santa, anche qui in Corea è attribuita una forza insostituibile alla preghiera. La Messa celebrata il 18 agosto mattina prima della partenza da Seoul aveva come intenzione proprio la pace e «la riconciliazione in questa famiglia coreana». Il Papa l'ha intesa come l'espressione di «un intero popolo» che «innalza la sua accorata preghiera al cielo», come ha detto nell'omelia. Ha proseguito: «Quanto, da una prospettiva umana, sembra essere impossibile, impercorribile e perfino talvolta ripugnante, Gesù lo rende possibile e fruttuoso attraverso l'infinita potenza della sua croce. La croce di Cristo rivela il potere di Dio di colmare ogni divisione, di sanare ogni ferita e di ristabilire gli originali legami di amore fraterno. Questo, dunque, è il messaggio che vi lascio a conclusione della mia visita in Corea. Abbiate fiducia nella potenza della croce di Cristo!».

Notiamo che il Papa, arrivando in sacrestia per indossare gli abiti liturgici, ha trovato un dono singolare: una corona di spine realizzata con il filo spinato che separa il Nord e il Sud della penisola coreana. Quel dono, così eloquente, non è rimasto in Corea: il Papa lo ha portato con sé.

Ricordiamo che, durante il suo viaggio, il Papa non ha mai dimenticato un'altra ferita, quella mediorientale. Dopo l'omelia, giunti al momento della preghiera dei fedeli, egli ha pregato per il cardinale Filoni e per il popolo sofferente dell'Iraq presso il quale lo aveva inviato come suo rappresentante. Ha ripreso poi questo tema nella conferenza stampa durante il volo di ritorno.

La strada dell'evangelizzazione: l'«empatia»

L'altro grande discorso asiatico, successivo a quello rivolto ai vescovi della Corea, è quello indirizzato ai vescovi dell'Asia, tenuto presso il Santuario di Haemi il 17 agosto mattina. Si tratta di un discorso fondativo di grande rilevanza. Esso propone una visione di Chiesa «versatile e creativa nella sua testimonianza del Vangelo, *mediante* il dialogo e l'apertura verso tutti» (corsivo nostro). L'immagine della Chiesa «in uscita», della Chiesa dalle «porte aperte» trova qui una conferma e un approfondimento.

Innazitutto Francesco ribadisce che per dialogare è necessario essere consapevoli della propria identità. Ma il concetto di «identità» che Bergoglio propone non ha nulla di rigido e di ingessato: «La nostra identità di cristiani consiste in definitiva nell'impegno di adorare Dio solo e di amarci gli uni gli altri, di essere al servizio gli uni degli altri e di mostrare attraverso il nostro esempio non solo in che cosa crediamo, ma anche in che cosa speriamo e chi è Colui nel quale abbiamo posto la nostra fiducia (cfr 2 Tm 1,12)».

L'identità di cui parla il Papa non è un elenco di contenuti, ma di una dinamica che ha il suo fuoco fondamentale sul futuro: essa rivela non solo chi siamo adesso, ma anche che cosa speriamo. Il dialogo resta però impossibile se, a partire dalla nostra identità, «non siamo capaci di aprire la mente e il cuore, con empatia e sincera accoglienza verso coloro ai quali parliamo».

La parola chiave qui è «empatia». Che cos'è esattamente l'empatia per Francesco? Egli ha innanzitutto precisato a braccio: «È una attenzione, e nell'attenzione ci guida lo Spirito Santo». Dunque, un atteggiamento non soltanto psicologico, ma profondamente spirituale. Poi il Papa spiega meglio più avanti: l'empatia consiste nella sfida «di non limitarci ad ascoltare le parole che gli altri pronunciano, ma di cogliere la comunicazione non detta delle loro esperienze, delle loro speranze, delle loro aspirazioni, delle loro difficoltà e di ciò che sta loro più a cuore».

Qui Francesco invoca un'attitudine spirituale che sappia andare al di là delle parole e dei discorsi ben formulati. Si tratta di una sensibilità spirituale che «ci porta a vedere gli altri come fratelli e sorelle, ad "ascoltare", attraverso e al di là delle loro parole e azioni, ciò che i loro cuori desiderano comunicare». Empatia è dunque offrire la propria attenzione per un'altra persona, mettendo da parte se stessi, le preoccupazioni e i pensieri personali; offrire un ascolto non valutativo, ma concentrato sulla comprensione dei sentimenti e bisogni fondamentali dell'altra persona.

Nelle sue parole il Papa fa comprendere che il dialogo è importante, ma non è sufficiente; o meglio, occorre approfondirne il significato e le modalità. Francesco propone un passo ulteriore e richiede da noi un autentico «spirito contemplativo di apertura e di accoglienza dell'altro». E non basta neanche la semplice «apertura», è necessaria *l'accoglienza*: «Vieni a casa mia, tu, nel mio cuore. Il mio cuore ti accoglie. Vuole ascoltarti. Questa capacità di empatia ci rende capaci di un vero dialogo umano, nel quale parole, idee e domande scaturiscono da un'esperienza di fraternità e di umanità condivisa». Queste parole rappresentano una riflessione fondamentale su come vivere l'evangelizzazione, in particolare in terra d'Asia. Evangelizzare ha a che fare con la casa, con l'accoglienza in casa.

Dove si trovano le basi profonde di questo approccio del Pontefice? Egli le pone innanzitutto nel riconoscimento della comune umanità. Il dialogo dunque non è di idee, ma di persone, di esseri umani in quanto tali. Questo dato ha la priorità su tutto. Qui troviamo dunque anche il fondamento delle riflessioni sulla lingua materna comune che accomuna tutti i coreani. E qui si trova anche il senso radicale dell'abbraccio di Gerusalemme tra Abboud, Skorka e il Papa.

Francesco, quindi, ha aggiunto qualche espressione a braccio, applicando questa stessa visione del dialogo a uno scenario più ampio: «In tale spirito di apertura agli altri, spero fermamente che i Paesi del vostro Continente con i quali la Santa Sede non ha ancora una relazione piena non esiteranno a promuovere un dialogo a beneficio di tutti». Poi ha precisato: «Non mi riferisco soltanto al dialogo politico, ma al dialogo fraterno… "Ma questi cristiani non vengono come conquistatori, non vengono a toglierci la nostra identità: ci portano la loro, ma vogliono camminare con noi". E il Signore farà la grazia: talvolta muoverà i cuori, qualcuno chiederà il battesimo, altre volte no. Ma sempre camminiamo insieme. Questo è il nocciolo del dialogo». La maggior parte dei giornalisti ha inteso queste espressioni come una mano tesa specificamente alla Cina[5].

Sempre nel suo discorso ai vescovi asiatici il Papa offre anche il fondamento teologico di questa empatia basata sulla consapevolezza dell'umanità condivisa: «Se vogliamo andare al fondamento teologico di questo, andiamo al Padre: ci ha creato tutti. Siamo figli dello stesso

---

5. Nel corso della Conferenza stampa durante il viaggio di rientro a Roma, il Papa ha affermato: «Se io ho voglia di andare in Cina? Ma sicuro: domani! Eh, sì. Noi rispettiamo il popolo cinese; soltanto, la Chiesa chiede libertà per la sua missione, per il suo lavoro; nessun'altra condizione».

Padre». Riconoscendo nella radicale fratellanza creaturale le radici del dialogo, Francesco ribadisce dunque che «quando noi ci apriamo gli uni agli altri nel dialogo, ci apriamo anche a Dio»[6].

Ma questo atteggiamento empatico non finisce per essere l'opposto di un atteggiamento missionario funzionale alle conversioni? Per rispondere a questa obiezione, Francesco ha mimato uno scambio di battute: «"Ma, fratello Papa, noi facciamo questo, ma forse non convertiamo nessuno o pochi…". Intanto tu fai questo: con la tua identità, ascolta l'altro. Qual è stato il primo comandamento di Dio Padre al nostro padre Abramo? "Cammina nella mia presenza e sii irreprensibile". E così, con la mia identità e con la mia empatia, apertura, cammino con l'altro. Non cerco di portarlo dalla mia parte, non faccio proselitismo. Papa Benedetto ci ha detto chiaramente: "La Chiesa non cresce per proselitismo, ma per attrazione"».

Con queste affermazioni il Papa mette in fuga ogni tentazione legata ad atteggiamenti strumentali. È invece perfettamente consapevole del fatto che nel grande continente asiatico, con la sua vasta estensione di terre, le sue antiche culture e tradizioni, le comunità cristiane «sono davvero un *pusillus grex*, un piccolo gregge, al quale tuttavia è stata affidata la missione di portare la luce del Vangelo fino ai confini della terra».

Le parole ai vescovi dell'Asia hanno avuto il loro riflesso nel semplice incontro che il Papa ha avuto con i leader religiosi della Corea prima della Messa nella Cattedrale di Seoul. A pochi ma intensi gesti di saluto con ciascuno dei presenti, leader di altre confessioni cristiane e di altre religioni, hanno fatto seguito queste parole: «La vita è un cammino, un cammino lungo, ma un cammino che non si può percorrere da soli. Bisogna camminare con i fratelli alla presenza di Dio. Per questo vi ringrazio di questo gesto di camminare insieme alla presenza di Dio: è quello che chiese Dio ad Abramo. Siamo fratelli, riconosciamoci come fratelli e camminiamo insieme. Il Signore ci benedica». Le sue parole riecheggiano quelle che Paolo VI usò a Bombay nel 1964, in una occasione simile, quando disse che «tutti siamo pellegrini in viaggio per trovare Dio nel cuore umano».

---

6. GIOVANNI PAOLO II, s., «Incontro con esponenti delle religioni non cristiane» (Madras, 5 febbraio 1986), in *Insegnamenti di Giovanni Paolo II*, IX/1, 323.

Lo spirito della consolazione

Alla fine dell'incontro con i giovani asiatici di Solmoe il Papa ha preso l'elicottero, ma non è tornato subito in Nunziatura. Ha invece deciso di recarsi presso la comunità dei gesuiti della *Sogang University* di Seoul. Si è trattato di un incontro privato in un clima di grande familiarità, semplice e spontanea. Il Papa ha goduto molto di questo clima e, a braccio, ha fatto un discorso semplice e potente, non riportato tra i discorsi ufficiali. Le sue parole, pronunciate proprio a metà della sua visita in Corea, possono gettare una luce significativa sullo spirito profondo che ha mosso i suoi gesti e le sue parole.

Ai gesuiti della Provincia coreana ha detto che c'è una parola che lo colpisce molto: «consolazione, la presenza di Dio in qualunque sua modalità. Nostro Santo Padre Sant'Ignazio sempre cerca di confermare la decisione della riforma di vita o della elezione di stato di vita attraverso il secondo modo di "elezione": la consolazione. Consolazione è una parola bella per chi la riceve. Però è difficile dare consolazione. Quando leggo il Libro della consolazione del profeta Isaia, leggo che è un lavoro proprio di Dio quello di consolare, consolare il suo popolo. Quando uno vive un limite doloroso, se lo sa fare con amore, diventa un seme di consolazione per questa persona. Il popolo di Dio ha bisogno di consolazione, di essere consolato, il *consuelo*».

Compito fondamentale del ministro del Vangelo è annunciare alla gente la misericordia e la consolazione di Dio. «Io penso — ha proseguito Francesco — che la Chiesa sia un ospedale da campo in questo momento. Il popolo di Dio ci chiede di essere consolato. Tante ferite, tante ferite che hanno bisogno di consolazione... Dobbiamo ascoltare la parola di Isaia: "Consolate, consolate il mio popolo!". Non ci sono ferite che non possono essere consolate dall'amore di Dio. Noi in tal maniera dobbiamo vivere: cercando Gesù Cristo, in modo da portare questo amore a consolare le ferite, a curare le ferite».

Al centro della sua visita in Corea e dei suoi discorsi alla Chiesa di questa terra, il Papa sente il bisogno di ribadire l'immagine della Chiesa come ospedale da campo, che aveva coniato nella intervista pubblicata su *La Civiltà Cattolica*[7].

---

7. L'intervista è ora pubblicata nel volume: PAPA FRANCESCO, *La mia porta è sempre aperta. Una conversazione con Antonio Spadaro*, Milano, Rizzoli, 2013.

Riferendosi a una scenografia realizzata dai giovani a Solmoe, ha proseguito: «Questa sera un gruppo di giovani ha rappresentato la parabola del figlio prodigo. Essa rappresenta bene qual è l'atteggiamento di Dio davanti alle nostre ferite. Dio consola sempre, spera sempre, dimentica sempre, perdona sempre. Ci sono molte ferite nella Chiesa. Ferite che molte volte provochiamo noi stessi, cattolici praticanti e ministri della Chiesa. Non castigate più il popolo di Dio! Consolate il popolo di Dio! Tante volte il nostro atteggiamento clericale cagiona il clericalismo che fa tanto danno alla Chiesa. Essere sacerdote non dà lo *status* di chierici di stato, ma di pastori. Per favore, siate pastori e non chierici di stato. E quando siete nel confessionale, ricordatevi che Dio non si stanca mai di perdonare. Siate misericordiosi!»[8].

Questo breve, ma molto esigente discorso sulla consolazione fornisce la chiave di lettura profonda delle parole di Francesco sulla Chiesa in Corea, come il retro di un tappeto che mostra la connessione dei fili di cui è tessuto. Le immagini del Papa — molto femminili e materne — della lingua madre, dell'accoglienza in casa, della vicinanza empatica sono radicate nella vocazione fondamentale della Chiesa a essere ministra di tale consolazione. Ed è questo il senso profondo delle parole che il Pontefice ha espresso, passando dalla porta coreana, in questa sua prima visita nel continente asiatico.

---

8.   Il testo che qui pubblichiamo è ricavato dalla trascrizione delle parole registrate durante l'incontro. Lo riportiamo integralmente.

DENTRO LA CULTURA

UN «THRILLER TEOLOGICO» DI YI MUNYOL

Ferdinando Castelli S.I.

Tre motivi ci hanno indotto a leggere il romanzo di Yi Munyol: il titolo, la definizione attribuitagli, la nazionalità dell'Autore. Il titolo – *Il Figlio dell'Uomo*[1] – è di sapore biblico; Gesù lo ha assunto

1.   Yi Munyol è nato nella Corea del Sud nel 1948, l'anno della divisione in due del Paese. Tre anni dopo, durante la guerra coreana, suo padre disertò fuggendo nel Nord. Madre e figlio vissero anni di miseria e di ostracismo. Yi fu considerato «figlio del traditore». Autodidatta, riuscì a superare difficili concorsi, a frequentare l'Università di Seul e ad affermarsi nel campo delle lettere fino ad essere considerato il più importante scrittore coreano. La sua opera – narrativa e saggistica – è caratterizzata dalla riflessione sulla libertà, politica e soprattutto metafisica. L'editore Giunti di Firenze ha pubblicato quattro suoi volumi: *Il nostro eroe decaduto*, *Il poeta*, *L'inverno di quell'anno*, *L'uccello dalle ali d'oro*. Riportiamo una parte dell'intervista concessa da Yi Munyol a Lucia Pozzi, pubblicata nel Messaggero del 21 ottobre 2005. D.: *Qual è il messaggio che vuol lanciare?* R.: «La parola chiave è libertà. Non mi riferisco solo a quella politica, ma a una libertà molto più ampia e che affonda le proprie radici nella natura stessa dell'uomo. Perché l'oppressione può venire anche da un'ideologia o da una religione, non necessariamente da un regime autoritario o da un sistema sociale costrittivo.Il secondo messaggio che voglio trasmettere, soprattutto ai giovani, si lega indissolubilmente al primo: dignità umana e, quindi, concordia». *Il suo libro è ambientato nella Corea degli anni Sessanta-Settanta, e quando uscì ebbe molto successo tra gli universitari. Arriva in Italia dopo altre sue quattro opere tradotte da Giunti. Che cosa si aspetta, in particolare, dai nostri giovani?* «Che riflettano su quelli che sono i temi centrali della loro vita. Per scriverlo ho letto e riletto molti testi, tra i quali la Bibbia per cinque volte. Mi ha colpito molto, ha un'importanza fondamentale. Ma l'epoca nella quale è ambientato il mio libro è segnata dal forte sviluppo del protestantesimo in Corea, con tutte le sue regole rigide e oppressive. E io ho dato un segnale di vita, per il recupero della libertà e della serenità interiore, che non può venirci da un Dio cupo, punitivo e ossessivo. Oggi le cose vanno meglio nel mio Paese, ma il principio che ho voluto affermare è eterno e si contrappone a tutti gli estremismi». *È una condanna delle religioni la sua?* «Non in assoluto, ma di un certo modo di essere cristiani sì. Il rapporto tra l'uomo e Dio può essere libero e appagante senza opprimere, senza soffocare». *Lei è credente?* «Sono un esistenzialista, non ho una religione in assoluto. Mia moglie, invece, è cattolica». *Che cosa è la fede secondo lei?* «È qualcosa di positivo se aiuta gli uomini a capire, a vivere meglio e in

per qualificare se stesso. La definizione di «giallo teologico», accattivante e oggi di moda, ci rimanda a Graham Greene, suscitando interesse e curiosità. La nazionalità dell'Autore – coreano di Seul – ci riporta alla *Buchmesse* di Francoforte, che lo scorso anno ha avuto la Corea come ospite d'onore. Yi Muyol è «uno dei più famosi e affermati scrittori di Seul; col suo ultimo libro ha già venduto due milioni di copie in Corea [...]. È un *thriller teologico*, come lo definisce lui, pubblicato la prima volta nel '79 e poi rivisto a più riprese fino alla versione attuale»[2]. Apprendiamo anche che il romanzo sta avendo un'enorme diffusione, come le opere precedenti di Yi Munyol.

Il Figlio dell'Uomo è un romanzo complesso e di non facile intelligenza. L'Autore non soltanto è ricorso alla tecnica del romanzo nel romanzo, ma ha profuso in esso la dottrina delle antiche religioni orientali, con speciose e astruse disquisizioni teologiche. Tale massa nozionistica talvolta fa del romanzo un centone nel quale non è facile orientarsi; anche le idee dell'Autore risultano poco chiare. Nonostante questi limiti, il romanzo rivela una salda struttura narrativa, affronta problemi gravi e universali, stimola la curiosità. Su molte pagine aleggia Dostoevskij con i suoi dilemmi sulla libertà, sul male e sul dolore, sulla presenza di Satana e sull'ineffabile figura di Gesù nei Vangeli sinottici.

Un «incipit» da giallo poliziesco

Le prime battute del romanzo immettono il lettore in un clima di giallo poliziesco. Su un sentiero di montagna un viandante scopre un cadavere: «Un viso lungo e pallido, appartenente a un uomo che poteva avere al massimo trentatré anni [...]; all'altezza del petto uno spesso strato di sangue si era raggrumato su una ferita probabilmente inferta con un'arma bianca molto affilata». Si viene a sapere che la vittima era stata vista in una casa di preghiera dei paraggi. Il pastore Hwang lo riconosce. Si chiamava Min Yo-sop.

---

sintonia con il mondo, ad avvicinarsi al bene. Al contrario, quando lega le menti e le mani, diventa solo un condizionamento negativo».Cfr YI MUNYOL, *Il Figlio dell'Uomo*, Milano, Bompiani, 2005.
    2. Intervista di Lucia Pozzi a Yi Muyol, cit.

Già brillante studente di teologia, aveva dato prova di un impegno totale nel mettere in pratica gli insegnamenti del Vangelo. «Possedeva soltanto un paio di scarpe e pochi indumenti intimi, lo stretto indispensabile, e trascorreva sempre le vacanze lavorando come volontario nell'orfanotrofio o nel laboratorio» (p. 20). In seguito, aveva abbandonato l'università, contestato i professori e rinnegato – così sembrava – «Dio e la Sua religione», cioè il cristianesimo.

Il sergente Nam, responsabile dell'inchiesta, impiega il suo tempo e le sue forze per risolvere il caso. Chi era Min Yo-sop? Dove e come era vissuto? Chi lo ha ucciso? Quale la sua avventura religiosa? Quest'ultimo interrogativo è stimolato da una frase trovata sul risvolto della copertina della sua Bibbia: *Desperatus credere potes, mortuus vivere potes* (Ora che sei disperato, potrai credere; ora che sei morto, potrai vivere). Interrogando i professori di Min Yo-sop, il sergente Nam viene a sapere che il giovane era diventato seguace del teologo pragmatista giapponese Kagawa Toyohiko e simpatizzante degli ofiti, setta eretica dell'antichità che venerava il serpente biblico quale apostolo della saggezza, e Satana, ritenuto un ulteriore attributo di Dio. Nel prosieguo delle indagini, il sergente Nam apprende particolari inquietanti: Min era conosciuto come fedele radicale e preparato, dedito all'aiuto dei poveri, ma anche come adultero e ribelle nei riguardi delle Chiese, trasformate in «una fabbrica di soldi». Santo e «figlio di Satana». In uno dei suoi quaderni, che Nam è riuscito ad avere, si legge: «Perché le sciagure che colpiscono l'umanità ricadono in egual misura sui buoni e sui cattivi? Gesù ha detto che i ricchi, i forti e i potenti non rappresentano "nulla": ma perché allora sono "tutto" sulla Terra? Gesù ha predicato che i poveri, i malati, gli emarginati sono "tutto": ma perché allora non rappresentano "nulla" sulla Terra? Il mondo è il ricettacolo di infinite superstizioni volte a incoraggiare la fede degli uomini: e cos'altro è la religione se non la forma più elucubrata di queste credenze?» (p. 53).

Il brano fornisce la chiave per comprendere la ribellione di Min Yo-sop: la fede è contro la ragione, il fallimento delle predizioni di Gesù, la religione è superstizione. In lui si consolida il convincimento che occorre instaurare una nuova religione in cui il sapere abbia il primato, sia rivisto il concetto di male e di peccato, la super-

stizione sia bandita. Espone tale progetto in vari quaderni che costi-
tuiranno il *Libro di Quarantaria.* La lettura di essi intriga il sergente
Nam, sia per la speranza di scoprire l'assassino sia per la curiosità
degli argomenti trattati. Buona parte del romanzo è costituita dalla
trascrizione di questi quaderni.

La vana ricerca di Assuero

In un quaderno si riferisce che i tre uomini giunti dall'Oriente
– i magi –, dopo aver reso omaggio all'infante della stalla, scorsero
una stella che indicò loro il cammino per evitare di recarsi da Erode.
«Obnubilati dai pregiudizi e dall'ignoranza, i tre uomini interpre-
tarono quel chiarore come un presagio di calamità: la stella, invece,
testimoniava un altro grande segno della Provvidenza – in quel
momento, nei pressi di Betel, nella casa di un giurista della scuola di
Shammai, incominciava a battere il cuore di Assuero, il vero Figlio
dell'Uomo» (p. 57)[3]. *Il Libro di Quarantaria* narra l'avventura uma-
no-divina di Assuero. Il ragazzo si rivela un prodigio d'intelligenza
e di bellezza. «Nessuno conosceva meglio di Assuero il Verbo e la
Legge di Jahvè, gli insegnamenti e vaticini dei profeti [...]. Possedeva una capacità di approfondimento delle lingue straniere fuori
dal comune» (p. 69). Un misterioso personaggio gli fa comprendere
l'infelice situazione dell'umanità e gli dichiara che il Messia atteso
«non sarà soltanto una semplice incarnazione del Verbo, ma dovrà
darci ciò che maggiormente bramiamo. E questo risulterà possibile solo a condizione che porti con sé tre doni. Il primo è il pane,
che salverà il nostro corpo dall'inedia; il secondo è il miracolo, che
preserverà la nostra debole mente dal peccato; il terzo è il potere
temporale, che stabilirà un ordine basato sulla giustizia e sull'amore,
cancellando un passato di cecità e di brutture» (p. 67).

3. «Figlio dell'Uomo» evoca il famoso testo del profeta Daniele (7,13-14) al
quale la tradizione biblica ha sempre attribuito un valore messianico. Definendosi
con questa espressione (cfr *Mt* 26,64), Gesù voleva esprimere la sua idea messianica
(morte e risurrezione), cioè che egli era umanamente debole, eppure potente. Nel
romanzo l'espressione connota l'uomo-Dio, il sovrumano emissario di Dio, il messia.

L'avventura erotica con Sarah, moglie di Asaph, turba l'anima di Assuero. Lei è estasiata, lui turbato dal pensiero di peccato. Perché, peccato? «I comandamenti – assicura la donna – sono cose per vecchi e sacerdoti, non per noi. Li hanno dettati gli spiriti malvagi di Horeb, per proibire senza alcun valido motivo che la vita desse all'uomo gioia e piacere» (p. 74). Scoperto l'adulterio, lei è condannata alla lapidazione e seppellita «sotto le pietre del Verbo». Assuero è sconvolto. Sarah aveva ragione: il peccato è un'invenzione umana. Caino non è colpevole, perché è stato «costretto a quel gesto criminale»; è stato «un mero strumento di Jahvè». Se «ogni cosa dipende dal volere di Jahvè», a lui dev'essere attribuita l'azione di Caino (p. 81). Nell'accesa discussione teologica col padre, Assuero ha la meglio: la fede – egli sostiene – conduce a un vicolo cieco, e la ragione ci suggerisce che Jahvè, «annichilendo la nostra debole volontà con le Sue prescrizioni», ci ha destinati a peccare.

Diventato «un uomo di Satana», Assuero, scacciato dalla sinagoga, lascia la casa dei genitori, si abbandona alle dissolutezze, infine inizia una vita raminga che, in oltre dieci anni, lo avrebbe condotto nei luoghi più remoti: Egitto, Fenicia, Canaan, Siria, Persia, India, Roma. Nel suo peregrinare è sorretto dalla speranza di «trovare un altro Dio – un Dio che potesse consolarlo per la perdita di quell'antica fede che lo aveva costretto fino ad allora in un mondo d'ipocrita malvagità» (p. 112).

A questo punto il romanzo di Yi Munyol si trasforma in un *reportage* sulle religioni di quel tempo: un groviglio di dottrine, di riti, di pratiche magiche e di superstizioni, di menzogne e di inganni. L'Autore si dimostra sufficientemente aggiornato in materia; si direbbe anche che si diverta a descrivere quell'universo pullulante di divinità che finisce per stancare e disilludere Assuero. Il quale, dopo dieci anni di ricerca di un «nuovo Dio», deve confessare il suo «miserabile fallimento». A Roma ha incontrato un tale che, a furia di fissare il sole per comprendere che cosa fosse, è diventato cieco. Il commento di Assuero è significativo: «Il mio animo è cieco, esattamente come gli occhi di quest'uomo. La ricerca ossessionante che mi ha portato a raggiungere l'estremo limite del mondo e a incontrare infinite divinità non è forse identica a quella del cieco, rimasto a osservare il sole troppo a lungo? E come quest'individuo ha perso gli occhi a causa dei cocenti raggi dell'astro, io ho reso cieco il mio animo esponendolo alle promesse di tantissime dottrine e di innumerevoli miti. E adesso sto cominciando perfino a dubitare che Dio sia solo un concetto astratto, un mero prodotto della mente umana [...]. Eppure Egli esiste. Come in questo momento il sole brilla nel cielo, la Sua provvidenza permea lo spazio infinito e la Sua nobile luce rischiara ogni tempo» (p. 197). Ad Assuero non resta che tornare nella sua terra e attendere che Dio gli si riveli. «Ho capito: non sono io che devo mettermi alla Sua ricerca, ma è Lui che deve venirmi incontro».

Assuero-Satana incontra Gesù

Dopo un mese trascorso nella sua città natale, Assuero si isola in una landa desolata, chiamata «Quarantaria», in attesa d'incontrare Dio. Per «liberarsi dalle scorie della mondanità e dalle sozzure della conoscenza» si ciba di cavallette e di miele selvatico, e s'immerge nella meditazione. All'alba del quarantesimo giorno è scosso da un grido: «Figlio dell'Uomo, è giunto il momento. La tua supplica ardente e prolungata mi ha destato dalla quiete e dal silenzio» (p. 210). Chi è che gli parla? «Sono l'inizio e la fine, sono l'eternità e l'istante, la certezza e la probabilità, l'assoluto e il relativo [...]. Io sono Jahvè, ma sono anche la sua negazione». Il «Grande Spirito senza nome» lo illumina sulla verità della creazione, dell'origine e della fine dell'universo, del destino dell'uomo, del suo futuro e dei suoi compiti. Questa verità, lungo i secoli, è stata alterata e decurtata. I suoi depositari appartenevano a un'antica setta esoterica, «soppressa dal potere religioso».

Nel deserto Assuero incontra un giovane immerso nella meditazione. Non sa di essere di fronte al «figlio di Jahvè, a quel Gesù che aveva destato la sua meraviglia, disputando sul Verbo con i sacerdoti del tempio in cui Thedos – la sua guida alla scoperta delle tragedie dell'umanità – lo aveva accompagnato diciotto anni prima». In Assuero avviene una metamorfosi: il figlio di un giurista ebreo, pellegrino alla ricerca di un altro Dio, si trasforma in un emissario, anzi in una incarnazione di Satana. In tale veste accosta Gesù, lo interroga e gli propone di mutare le pietre in pane, di compiere un miracolo, gettandosi da uno strapiombo, poiché Dio avrebbe inviato i suoi angeli a preservarlo da ogni male, infine di conquistare l'autorità politica e militare «per far rifulgere l'antica gloria di Davide».

Gesù respinge le tre proposte, affermando che «l'uomo non vive di solo pane, ma anche delle parole di Dio»; che non bisogna «osare mettere alla prova» Dio; che il potere terreno, l'orgoglio, i piaceri del corpo e la vanità dello spirito non lo interessano. Egli deve obbedire al Padre suo – «il Dio di Abramo e di Isacco: Jahvè, il creatore dell'Universo» – che gli ha ordinato di salvare il mondo. «Ti prego, vattene, dice al tentatore, non ostacolare il mio cammino. Riprendi il sentiero tracciato dalla malvagia sapienza di Satana» (p. 218). Più tardi, i discepoli di Gesù, ascoltando il racconto di quell'incontro, si sarebbero convinti che Assuero era un'incarnazione del demonio.

Min Yo-sop – sempre nei suoi quaderni – nota che in base a testi apocrifi Assuero incontra Gesù altre cinque volte. In occasione del cosiddetto «miracolo dell'indemoniato»[4], così si rivolge a Gesù: «Gesù di Nazareth, perché ti ostini a intrometterti nelle nostre vite? [...] Io so chi sei. Tu sei il falso Figlio dell'Uomo, il figlio di un dogmatismo, venuto ad appiccare su questa terra già arsa un fuoco ancora più grande. Sei venuto in veste di erede di Colui che si arroga la proprietà della vigna che abbiamo coltivato col nostro sudore e col nostro sangue [...]. Ti prego, ritorna sui tuoi passi. E, una volta raggiunta la casa natale, di' a tuo Padre che su questa Terra non ha nessun credito da riscuotere, né alcun diritto da esercitare e che, lasciandoci in pace, adesso, dimostrerebbe maggiormente il Suo amore e la Sua benevolenza» (p. 221).

Negli altri incontri Assuero tenta di «convertire» Gesù alla dottrina di Satana: pensi a riempire il ventre degli uomini; tolga loro la libertà e li abbandoni a se stessi (p. 237); non parli di peccato, «vacuo concetto prodotto dal Verbo» (p. 235); non inganni parlando dell'amore del Padre: Dio è sordo e lontano; li liberi dal senso di colpa e dia loro la «libertà dal Verbo»; non imponga «fardelli

---

4. Nel Vangelo di Marco (1,23) si legge: «Allora un uomo che era nella sinagoga, posseduto da uno spirito immondo, si mise a gridare: "Che c'entri tu con noi, Gesù Nazareno? Sei venuto a rovinarci! Io so chi tu sei: il santo di Dio"».

insostenibili»; risparmi loro i suoi insegnamenti «scevri di verità e grazia divina» (p. 224). Riconoscendo in Assuero un «figlio di Satana», Gesù risponde: «Le tue parole riportano solo le argomentazioni di Satana, reiterate attraverso le labbra di falsi profeti dotati di un intelletto pernicioso: sono soltanto menzogne dettate dall'invidia nei confronti del Padre mio e dall'odio verso l'umanità – sì, sono una paradossale bugia intesa a negare il suo immenso amore e il progresso spirituale dell'uomo. A che cosa portano, se non a una visione riduttiva e sfiduciata della natura umana? Quale altro scopo hanno, se non quello di lasciare gli uomini nell'ignoranza e nella cecità, e di preparare il cammino per la venuta di Satana?» (p. 228).

In principio era un'Entità Immensa

Lo scritto di Min Yo-sop termina con la morte in croce di Gesù e con la notizia che «si continua a parlare di Assuero come di un umile ciabattino che erra per il mondo a piedi nudi, con un ago e dei sandali romani tra le mani, vestito di un grembiule di cuoio, aspettando il ritorno del figlio di Dio» (p. 249). Il sergente Nam, a lettura finita, resta interdetto. Come definire l'Entità trascendente, antitetica al Dio cristiano? Che cosa pensare del «Grande Spirito», incontrato da Assuero nel deserto, i cui insegnamenti erano concepiti come un'antitesi del «Verbo»? Perché questi silenzi? Ai due interrogativi si trova una risposta in un altro quaderno che il sergente Nam trova nella casa di Cho Dong-p'al. Costui aveva integrato gli scritti di Min Yo-sop nella prospettiva di riscrivere la Bibbia e di presentare l'opera col titolo di *Libro di Quarantaria*. Tale elaborazione teologica è un intruglio dottrinale nel quale sono presenti elementi di diverse religioni e cosmologie. Eccone le linee portanti.

«In principio, esisteva una sola Entità Immensa, che conteneva ogni cosa» (p. 274). Essa era costituita da due princìpi, variamente denominati: Giustizia e Libertà, Bene e Male. «All'origine noi – è il Male, detto la Somma Saggezza, che parla – eravamo su un piano di unicità e di pariteticità, legati da un principio di armonia e di ordine, che permetteva all'Entità primordiale di realizzarsi non come Caos, bensì come completezza. Come potrebbero la Saggezza avulsa dal Bene o il Bene avulso dalla Saggezza godere di una piena compiutezza? Il peccato non è che un altro nome del Bene senza Saggezza, e il Male non è che un altro nome della Saggezza senza Bene» (p. 275).

Mal sopportando «l'infinita solitudine derivante dal perenne stato di quiete e d'inerzia», l'Entità opera la creazione mediante il Verbo, suo strumento «che non avrebbe mai potuto palpitare di vita propria», anzi «avrebbe dovuto estinguersi nel momento in cui si completava la creazione». È successo invece che il Verbo si è incarnato in una volontà arbitraria e ha soggiogato ogni essere vincolando l'intero creato al Bene. Tale evento ha rotto l'unicità dell'Entità primordiale, separando i due princìpi che la costituivano, e ha permesso al Bene di dominare ogni cosa, tacitando il Male. Fallito il tentativo del Bene di appropriarsi del Male, i progenitori dell'uomo furono scacciati dall'Eden e puniti per aver accettato l'invito del serpente, messaggero del Male, di mangiare il frutto dell'albero vietato. Tutta la natura umana «fu arbitrariamente condannata e tacciata di peccato da quel Verbo narcisista».

Una teoria di profeti e di loro esegeti, «obnubilati dalla follia», hanno predetto che il Figlio dell'Uomo avrebbe riportato l'armonia; in realtà costui sarebbe stato un *alter ego* di Jahvè – del Bene – e una «manifestazione del suo autocompiacimento e del suo Verbo». Per smascherare il Bene, il Male ha inviato un suo figlio, Assuero-Satana, ammonendolo: «Tu, autentico Figlio dell'Uomo, dovrai lottare strenuamente, ma non dimenticare che la Terra e l'intera umanità saranno sempre al tuo fianco. Mostra e rivendica tutta la tua forza per te e per i tuoi simili, non per un Essere trascendente; mostra e rivendica tutta la tua ragione per la Terra che calpesti, non per un lontano Regno che è nei cieli» (p. 291).

Gesù è morto e sepolto. Se dovesse tornare bisognerebbe allontanarlo «confinandolo in lacrime nel suo Regno dei Cieli, accanto a Colui che l'ha generato». In tal modo sarà possibile ripristinare l'armonia e l'ordine primitivi. Il Dio concepito dall'unione del Bene e del Male sarà l'unico a meritare la venerazione e la fede degli uomini. E questi saranno perfetti, liberi, fedeli soltanto alla Terra, sganciati da ogni preoccupazione ultramondana, consapevoli che sia il Bene sia il Male provengono dall'Entità Immensa.

Il giallo è risolto

Terminata la lettura, il sergente Nam resta perplesso. L'idea che Bene e Male costituiscano l'entità divina gli appare un'assurdità; resta anche deluso dal fatto che tutte le teorie anticristiane di Assuero conducano alla scoperta di un Dio ambiguo e vago. Un sospetto gli balena nella mente: che Min Yo-sop, resosi conto delle astruserie delle sue teorie, non abbia cambiato la sua visione della religione, scatenando conseguentemente l'ira di Cho Dong-p'al? Quando riesce ad avvicinare costui, il suo sospetto si rivela esatto: Cho Dong-p'al ha assassinato Min Yo-sop perché ha abbandonato il loro Dio.

Da anni vivevano insieme, condividendo idee, progetti, entusiasmi; di comune accordo avevano commesso furti e rapine per aiutare i poveri e gli emarginati; avevano pensato di scrivere il loro libro sacro – il *Libro della Quarantaria* – per farne la loro Bibbia. Cho Dong-p'al aveva seguito l'amico, soggiogato dalla sua intelligenza, dalle sue prospettive. «Era la persona che aveva distrutto gli idoli che veneravo, frantumando la mia fede e i valori in cui ero stato educato. E proprio quando era arrivato il momento di ricostruire un mondo su quelle rovine, mi ha improvvisamente lasciato» (p. 302). Lasciato «per ritornare dal vecchio Dio e alla sua Chiesa».

In realtà, dopo l'ubriacatura dottrinale sulle varie teologie, Min Yo-sop ha capito che il loro sforzo di «creare un nuovo Dio» sarebbe approdato «soltanto a elaborare una grossolana forma di ateismo». Il «Dio della Ragione», che avrebbero voluto porre sull'altare, era una «manifestazione di follia», oltre che «la rappresentazione divina di una moralità dubbia e miserabile». Ha concluso dicendo al discepolo «che era stato convinto a ritornare sotto la Croce da uno struggente pentimento» (p. 311). Cho Dong-p'al lo aveva pregato in ginocchio, supplicato in lacrime di non distruggere quanto aveva creato, di non annientare quanto gli aveva trasmesso. Inutilmente. Perdonargli? Impossibile; era il simbolo della loro sconfitta. Il suo pentimento era uno scandalo; impossibile continuare a combattere per un nuovo Dio mentre lui piangeva sotto la croce. «L'ho implorato in ginocchio, con le mani giunte» di tornare sui suoi passi. Invano. E ha impugnato il coltello. «Min non si spaventò, né tentò di fuggire. Non so se sia stata un'allucinazione, ma mi è sembrato addirittura che accennasse un sorriso. I suoi occhi brillavano di una luce misteriosa: continuarono a splendere finché io, accecato da una rabbia improvvisa, non affondai la lama nel suo petto e...» (p. 313). Non riesce a terminare la frase. Si piega su se stesso, si contorce, straziato da un lacinante dolore allo stomaco. Col liquore, durante il colloquio con Nam, ha ingerito veleno. Prima di scivolare nella morte, proclama la sua fede in quel nuovo Dio rinnegato da Min Yo-sop.

Considerazioni conclusive

Il Figlio dell'Uomo è un romanzo che s'impone per struttura e per contenuto. In esso confluiscono e si fondono tre blocchi narrativi: il pellegrinaggio di Min Yo-sop nell'universo delle grandi religioni; la sua storia con Cho Don-p'al, conclusa tragicamente; l'incontro di Gesù con Assuero-Satana nel deserto. I tre blocchi si illuminano vicendevolmente e conferiscono all'insieme significato e movimento nonostante alcune lungaggini e compiacenze descrittive. Il ritmo di giallo è alimentato non soltanto dalle indagini della polizia, ma anche dall'evoluzione religiosa dei due giovani, che comporta una serie di eventi drammatici, densi di significato.

Da autentico romanziere, Yi Munyol si limita a narrare fatti, ad analizzare psicologie e ideologie, a descrivere gli approdi di talune concezioni religiose ed etiche senza schierarsi apertamente sull'uno o l'altro fronte. A un'attenta lettura però non è difficile notare la sua simpatia per Min Yo-sop e una certa condivisione dei motivi che lo hanno condotto alla sua scelta finale. Costui è l'uomo che si ribella a quanti tradiscono la religione per i propri interessi e la riducono a istituzione affaristica, svuotandola di afflato spirituale e rendendola estranea alle necessità della gente. Gli episodi in merito, riferiti nel romanzo, sono significativi (cfr p. 41 e seguenti). Anche la mancanza di vera libertà e il predominio di una teologia astratta e rigorista alienano il giovane dalla sua Confessione (protestante), e lo inducono a cercare altrove una religione soddisfacente.

La ricerca è deludente. Fondare una nuova religione? Creare un Dio nuovo, rispondente ai bisogni più profondi dell'uomo? La prospettiva affascina il suo giovane discepolo Cho Dong-p'al. Ma

Yo-sop, rientrato in se stesso, comprende l'assurdità e la pericolosità del progetto, e ritorna alla fede cristiana. Yi Munyol – così parrebbe – è per questa fede, ma che essa non elimini la libertà, non presenti regole rigide e oppressive, non adori un Dio cupo, punitivo e ossessivo, infonda invece serenità e prospetti fraternità e condivisione. Il Dio di Gesù dovrebbe soddisfare le esigenze dello Scrittore perché è un Dio dell'amore e della salvezza.

L'incontro di Gesù con Assuero-Satana nel deserto, e poi in seguito, costituisce la parte più importante del romanzo. Yi Munyol lo ricostruisce in pagine avvincenti, sostanzialmente fedeli al Vangelo. L'ispirazione dostoevskiana è evidente, ma non pochi elementi sono originali. Tutti e due si presentano come messaggeri di verità e di salvezza, ma su fronti opposti. Gesù è orientato al Padre e al suo Regno, Assuero-Satana all'uomo e alla terra; l'uno parla di eternità, l'altro di tempo; alla volontà del Padre proclamata da Gesù, Assuero-Satana oppone la volontà dell'uomo; alla chiarezza di Gesù fa riscontro l'ambiguità del suo antagonista. Chi è il vero «Figlio dell'Uomo»? Ancora una volta, la risposta dell'Autore, non proclamata ma suggerita, indica Gesù. E questo Gesù è soltanto il Figlio dell'Uomo o è anche il Verbo di Dio incarnato della fede cristiana? A questo interrogativo Yi Munyol non risponde. Non è un convertito al cristianesimo né vuole convertire, in nessun senso; vuole porre problemi di fondo, indurre a riflettere, indicare alcune piste su cui incamminarsi nella scelta religiosa.

Naturalmente sarebbe fuori luogo notare le carenze e le imprecisioni teologiche dal punto di vista cristiano. È doveroso invece notare l'atteggiamento di rispetto e di ammirazione che egli assume dinanzi a Gesù. In uno scrittore della Corea, non cristiano, questo elemento è tutt'altro che secondario.

TRE FILM DI KIM KI-DUK

Virgilio Fantuzzi S.I.

Primavera, estate, autunno, inverno... e ancora primavera

Lo specchio del lago riflette la luce del cielo. In mezzo al lago c'è un eremo galleggiante, abitato da un monaco buddista anziano e dal suo discepolo ancora bambino. Una barca collega l'eremo con la sponda del lago. Per staccarsi da terra con la barca, bisogna prima passare attraverso un portale sui cui battenti sono disegnati draghi infernali. La presenza di questo portale, come quella della porta che separa, all'interno dell'eremo, lo spazio dedicato alla preghiera da quello dedicato alla vita di chi lo abita, è sottolineata dalla macchina da presa con angolazioni ortogonali. Porta e portale, in assenza di pareti o recinti da oltrepassare, svolgono una funzione simbolica: indicano la divisione e la simultanea copresenza tra contingente e assoluto, effimero ed eterno.

Il film, d'altra parte, non ha nulla di realistico; è una metafora che esprime il senso della vita secondo i princìpi della religione buddista. Il regista sud-coreano Kim Ki-duk ha esercitato diversi mestieri prima di dedicarsi al cinema. Educato in una scuola agricola del suo Paese, si è arruolato in marina e successivamente ha fatto parte per due anni di una istituzione religiosa senza abbandonare tuttavia la pittura, che, fin da bambino, è stata la sua passione. Nel 1990 si reca in Francia per studiare all'estero e per tentare di vendere i suoi quadri. Non ha mai ricevuto un'istruzione regolare. Scopre il cinema per caso e se ne serve, come forma di espressione analoga alla pittura, fuori dai canali che ne fanno un prodotto commerciale. Dal 1996 (anno del suo film di esordio: *The Crocodile*) miete consensi in diversi *festival* internazionali (Berlino, Venezia, Mosca, Locarno...).

Il titolo del suo film più recente, *Primavera, estate, autunno, inverno... e ancora primavera*, indica bene l'assunto della pellicola, che mette a confronto il ciclo delle stagioni con le diverse fasi della vita di un uomo. I colori si susseguono sullo schermo con trasparenze da acquarello. Alla soffice luminosità della primavera tiene dietro l'estate con campiture di tonalità più intensa. In autunno le foglie del bosco che riveste le montagne tra le quali è situato come in una conca il lago Jusan, con al centro l'eremo galleggiante, si colorano di giallo e di rosso. In inverno l'acqua del lago si trasforma in superficie gelata. Le sagome dei rami contorti appaiono come scheletri senza vita. Ma la primavera torna a far sbocciare i germogli, a rallegrare la vista con i petali dei fiori colorati. Il ciclo riprende il suo corso perenne, immutabile. Così è della vita dell'uomo, prima bambino, poi adolescente, giovane, adulto e infine anziano.

In primavera il bambino vuole conoscere il mondo. Esce dal cerchio magico dove è rinchiuso. Si lancia alla scoperta della natura che circonda il luogo incantato. Il bambino si diverte a far soffrire piccoli animali (un pesciolino, una rana, una biscia d'acqua...) incurante dell'ammonizione del maestro: «Se uno solo di questi animali dovesse morire per colpa tua, ne porterai il peso per il resto della vita». Il bambino cresce e diventa adolescente. Siamo in estate. Il discepolo avverte i primi stimoli dell'eros. Il maestro gli ricorda che la lussuria, risvegliando il desiderio del possesso, priva l'uomo della sua libertà e lo rende schiavo di ciò che desidera possedere.

Giunto alle soglie della maturità il giovane monaco abbandona l'eremo. Segue l'impulso delle sue passioni. Il maestro lo aspetta fiducioso. Il discepolo tornerà in autunno, ormai adulto, cupo, disperato. Il suo coltello è sporco di sangue. Durante l'assenza dall'eremo si è unito con una donna, ma questo legame non lo ha reso felice. Folle di gelosia, ha ucciso la donna ed è fuggito. Ora è ricercato dalla polizia. Il maestro lo accoglie con la consueta benevolenza, ma lo invita a fare penitenza per il male che ha compiuto. Dovrà incidere sul legno e dipingere con lo smalto formule rituali che indicano come sia lungo e faticoso il cammino che conduce alla saggezza.

Il discepolo se ne va di nuovo, condotto lontano da due poliziotti. Anche per il maestro è giunto il momento di lasciare l'eremo galleggiante. Lo fa compiendo un'azione che, secondo i canoni della religione buddista, riveste un alto significato: seduto in meditazione su una catasta di legna, si copre il volto con un drappo di lino bianco e si dà fuoco. Muore piangendo. Quando il discepolo, dopo aver pagato il suo debito con la giustizia, torna nell'eremo è già inverno. È il tempo della purificazione e dell'ascesi. Il vecchio ciclo sta per chiudersi. Se ne apre uno nuovo. Una donna con il viso coperto depone il suo bambino presso la soglia dell'eremo. Toccherà al monaco diventato adulto prendersi cura del piccolo così come il maestro si era preso cura di lui.

La primavera ritorna. Come è nella logica delle cose, porterà nuove curiosità e nuove scoperte.... Ma a questo punto il film sembra prendere una strada diversa. Anche per il monaco che sta per diventare anziano è giunto il momento di scoprire un mondo nuovo oppure di riscoprire quel mondo antico nel quale (salvo qualche parentesi) ha trascorso la vita, cercando di osservarlo da un punto di vista diverso. L'ultima sequenza del film ci fa vedere il monaco che sale faticosamente lungo il dorso di una montagna prospiciente il lago portando con sé una statua di Buddha da collocare sul picco più alto. La macchina da presa segue il monaco passo dopo passo. L'occhio dell'obiettivo si muove, come in precedenza, lungo una traiettoria circolare, ma questa volta l'orizzonte si allarga. Il lago appare come una piccola chiazza di acqua laggiù in fondo alla vallata. Sorge il sole. I suoi raggi sfiorano il sorriso impassibile della statua dell'Illuminato.

«Ferro 3»

Il regista sud-coreano Kim Ki-Duk ritiene che «è difficile sapere se il mondo in cui viviamo è sogno o realtà». Questa frase conclude il suo film *Ferro 3*, vincitore del «Leone d'argento» al *festival* di Venezia 2004. Il suo pensiero è enunciato in poche righe che assomigliano ai versi di una breve poesia: «Siamo tutti case vuote / e aspettiamo che qualcuno / apra la porta e ci liberi. / Un giorno il mio desiderio si avvera. / Un uomo, come un fantasma, arriva e mi libera dalla mia prigionia. / Lo seguo, senza dubbi, senza riserve / fino a trovare il mio nuovo destino...» È l'assunto del film che inizia come un racconto realistico e si trasforma cammin facendo in una favola intenzionalmente sospesa tra realtà e fantasia.

Il giovane Tae-suk (Jae Hee) viaggia su una moto alla ricerca di case vuote dove sostare per qualche giorno. Porta dopo porta, incolla volantini commerciali sulle serrature. Si intrufola poi nelle case dove il volantino non è stato rimosso. Non ruba nulla. Rimane soltanto a fare la guardia per qualche giorno fino a quando i proprietari non rientrano. Aggiusta attrezzi che non funzionano, lava la biancheria sporca, prima di andar via rimette tutto a posto. «Esco dalla mia casa — scrive il regista —. Mentre sono fuori, qualcun altro entra nella mia casa vuota e ci vive. Mangia cibo del mio frigorifero, dorme nel mio letto, guarda la mia TV. Forse perché si sente in colpa, aggiusta la mia sveglia rotta, fa il bucato, mette tutto in ordine e poi scompare come se nessuno fosse mai stato lì...».

Un giorno Tae-suk entra in una casa lussuosa dove incontra la donna del suo destino. È una donna sposata di nome Sun-hwa (Lee Seung-yeon) che vive con un uomo che la tiene chiusa in casa e la maltratta. Mentre Tae-suk si aggira per la casa, Sun-hwa si nasconde nell'oscurità e, non vista, lo osserva silenziosa. All'inizio ha paura di lui, ma quando lo vede impegnato a riparare una bilancia rotta, capisce che non si tratta di un ladro e continua a rimanere nascosta per poterlo osservare. «Entro in una casa vuota — prosegue il regista —. Sembra che non ci sia davvero nessuno. Mi spoglio, faccio un bagno, preparo da mangiare, faccio il bucato, aggiusto una bilancia e mi alleno a golf nel giardino. Nella casa c'è una donna depressa, spaventata e ferita, che non esce mai e piange. Mostro a lei la mia solitudine. Ci capiamo e usciamo insieme dalla casa senza dire una parola».

Bastano queste osservazioni per indicare che *Ferro 3* non si limita a raccontare una storia insolita e curiosa. Di immagine in immagine si ha l'impressione che la macchina da presa, mentre in apparenza descrive il comportamento esteriore dei personaggi, in realtà sia puntata verso la loro mente, dove si annidano pensieri difficili da decifrare. Abbiamo già fatto conoscenza con il regista Kim Ki-Duk in occasione del suo film precedente: *Primavera, estate, autunno, inverno... e poi ancora primavera* (cfr *Civ. Catt.* 2004 III 448-450). Sappiamo che è un autodidatta, che ha esercitato diversi mestieri prima di dedicarsi al cinema e che coltiva da sempre la pittura. Dalla passione di Tae-suk per il golf, nel quale continua a esercitarsi, deriva il titolo del film, che indica la più pesante delle mazze usate in quello sport.

Le incursioni di Tae-suk e Sun-hwa nelle case degli altri proseguono non senza inconvenienti. La società alla quale volenti o nolenti appartengono è custode gelosa delle proprie consuetudini. Considera la proprietà privata come un bene inviolabile. Reagisce con durezza nei confronti di chi non accetta le sue regole. Spesse volte si vedono i volti dei due ospiti abusivi coperti di lividi o rigati di sangue. Lei le prende di santa ragione dal marito. Lui è ridotto a mal partito da un pugile che, rincasando di notte, lo sorprende nel proprio letto. Tae-suk e Sun-hwa vorrebbero non esserci o forse preferirebbero esserci, ma senza farsi notare. Non parlano mai né tra loro, né con altri. Nei loro rapporti si sfiorano appena. Nessuno dei due impone mai all'altro qualcosa che non gli sia gradito. È questo il loro modo di vivere in un mondo al quale sanno di non appartenere e del quale non intendono possedere in proprio nemmeno il sia pur minimo frammento.

Aspirano entrambi a diventare fantasmi. Alla fine ci riusciranno. Tae-suk fa la sua esperienza fondamentale in un carcere, dove impara a nascondersi agli occhi del secondino che visita regolarmente la sua cella. Dopo la liberazione, troverà il modo di introdursi nelle case altrui senza farsi vedere, mentre gli abitanti sono ancora sul posto. Anche Sun-hwa, che nel frattempo è stata catturata dal marito, vive nella propria casa come dentro una prigione. Il sorriso tornerà sulle sue labbra (con meraviglia del marito) solo quando Tae-suk riuscirà a raggiungerla facendosi vedere soltanto da lei.

«Pietà»

Kang-do (Lee Jung-Jin), trentenne dall'aspetto giovanile, abita in un quartiere della vecchia Seul, ora minacciato dalla speculazione edilizia. Casupole di lamiera, strade strette, serrande che, aperte fragorosamente, immettono in piccole officine tra frese, presse e depositi di ferraglie. Scapolo, senza legami familiari e senza affetti, Kang-do è protagonista del film *Pietà* di Kim Ki-duk, vincitore del Leone d'oro alla Mostra di Venezia 2012.

Kang-do vive facendo lo strozzino. Ha escogitato un metodo ingegnoso per estorcere denaro alla povera gente, per lo più a ti-

102

tolari di piccole imprese artigiane, che non hanno di che pagare i debiti contratti, ammontanti al 1.000 per cento della cifra ottenuta in prestito. Dopo averli fatti assicurare contro gli incidenti sul lavoro, provvede personalmente a renderli invalidi con l'uso dei loro stessi arnesi. Il suo compito, che il film descrive senza risparmiare al pubblico brividi di raccapriccio, consiste nello stritolare mani, amputare arti o costringere il malcapitato di turno a gettarsi da una certa altezza, non tale però da provocarne la morte, perché in caso di decesso l'assicurazione stenta a pagare.

Il film inizia con il suicidio di un giovane in sedia a rotelle. Una grossa catena, munita di gancio, che pende dal soffitto. La mano del giovane che se la fissa attorno al collo, poi lo schianto. Urlo disperato di una donna fuori campo. A queste immagini ag-ghiaccianti fanno seguito quelle del risveglio solitario di Kang-do nel suo appartamento da scapolo. Lui non è che l'ultimo anello di una catena che rende l'uomo schiavo del denaro. I suoi padroni non approvano del tutto il suo modo di procedere, ma lui sa che deve consegnare ad essi le somme richieste. Non avendo una famiglia propria, non riesce nemmeno a rendersi conto delle sofferenze tremende che infligge ai debitori e ai loro familiari.

Un giorno Kang-do si trova davanti una donna non più giovane, ma ancora bella: Mi-sun (Cho Min-soo). Tenta di allontanarla con tutti i modi, ma lei continua a guardarlo muta, adorante, senza reagire. Poi si confessa: lei è sua madre che, giovanissima, lo ha abbandonato appena nato e adesso vuole il suo perdono. Lui non le crede. La mette alla prova. Dolcissima, sorridente, materna, sottomessa, ubbidiente, servizievole in tutto e per tutto, la donna si insinua nella vita arida e gelida del crudele esattore, che non conosce né umanità né gioia, e gli fa scoprire a poco a poco la tenerezza, il brivido di una carezza. Kang-do ha trovato finalmente qualcuno che gli vuole bene. Cambia modo di comportarsi. Sembra regredire allo stato infantile. Si fa cantare perfino una ninna nanna...

Vinto da ciò che crede amore materno, Kang-do perde quella crudeltà che aveva fatto di lui l'uomo più temuto del quartiere. Ma, sul più bello, Mi-sun sparisce. Soltanto alla fine del film lo strozzino pentito verrà a sapere che quella donna non è sua madre, ma la madre di una delle sue vittime: il ragazzo in carrozzella che avevamo visto suicidarsi all'inizio del film. Ritenendo che la morte del colpevole non fosse una punizione adeguata per l'immenso dolore inflitto a suo figlio e a lei, Mi-sun ha escogitato una più sottile forma di vendetta. Ha finto di essere sua madre per suscitare in lui una nuova sconosciuta fragilità e poi abbandonarlo a una infelicità mai provata prima, che gli rende la vita insopportabile.

La forma paradossale, che rasenta i limiti dell'inverosimile, fa di questo film un apologo il cui senso è stato spiegato da Kim Ki-duk nella conferenza stampa seguita all'anteprima veneziana: «Nella società capitalista, il denaro mette alla prova le persone. La convinzione diffusa è che sia in grado di risolvere i problemi. In realtà, il denaro è all'origine della maggior parte delle situazioni aberranti che affliggono il mondo di oggi. Il denaro di per sé non è né buono né cattivo, ma l'uso che se ne fa nell'ambito dell'attuale sistema economico e finanziario va di pari passo con il dialogare della miseria sociale e morale».

A chi gli chiede una spiegazione sulla scelta del titolo, il regista risponde: «Il titolo del film mi è balenato nella mente ricordando l'emozione che ho provato davanti al gruppo scultoreo che si trova nella basilica di San Pietro in Vaticano. L'abbraccio di quella madre al figlio morto in croce mi è sembrato un segno di condivisione del dolore dell'intera umanità. Me lo sono portato dentro per tanti anni».

LA CIVILTÀ CATTOLICA

RIVISTA QUINDICINALE DI CULTURA DELLA COMPAGNIA DI GESÙ, FONDATA NEL 1850

ABBONAMENTI

ITALIA

1 anno € 95,00; 2 anni € 160,00; 3 anni € 240,00

ZONA EURO

1 anno € 120,00; 2 anni € 210,00; 3 anni € 320,00

ALTRI PAESI

1 anno € 195,00; 2 anni € 330,00; 3 anni € 540,00

Puoi acquistare un quaderno (€ 9,00 per l'annata in corso, € 15,00 per gli arretrati),
sottoscrivere o rinnovare l'abbonamento alla nostra rivista
con carta di credito o prepagata, bonifico e PayPal.

direttamente sul sito:	laciviltacattolica.it
oppure tramite c/c postale:	n. 588004 intestato a La Civiltà Cattolica, via di Porta Pinciana, 1 00187 Roma
c/c bancario:	intestato al Collegio degli scrittori della Civiltà Cattolica IBAN IT 71 B 02008 05038 000003380976 BIC SWIFT: UNCRITMM

[IVA assolta dall'editore ai sensi dell'art. 74, 1° comma, lett. c), D.P.R. 633/1972 e successive modifiche]
Direzione, amministrazione e gestione della pubblicità: via di Porta Pinciana, 1 - 00187 Roma.
Telefoni: centralino (06) 69.79.201; fax (06) 69.79.20.22; abbonamenti (06) 69.79.20.50